DE L'INFLUENCE
DES ARTS DU DESSIN

SUR

L'INDUSTRIE

MÉMOIRE COURONNÉ PAR L'INSTITUT

ACHILLE HERMANT

Architecte,

Membre de la Société centrale des architectes de France.

PARIS

CHEZ L'AUTEUR, RUE MIROMÉNIL, 18.

1857

DE

L'INFLUENCE DES ARTS DU DESSIN

& SUR

L'INDUSTRIE

Montmartre. — Imp. PILLOT boul., Pigale 50

DE L'INFLUENCE

DES ARTS DU DESSIN

SUR

L'INDUSTRIE

MÉMOIRE COURONNÉ PAR L'INSTITUT

ACHILLE HERMANT

Architecte,

Membre de la Société centrale des architectes de France.

PARIS

CHEZ L'AUTEUR, RUE MIROMÉNIL, 18.

1857

DE

L'INFLUENCE DES ARTS DU DESSIN

SUR L'INDUSTRIE [1]

MÉMOIRE COURONNÉ PAR L'INSTITUT.

> La nature, dans son impulsion éter-
> nellement reçue et transmise dans le
> développement organique des êtres, ne
> connaît ni repos, ni arrêt, et elle atta-
> che sa malédiction à tout ce qui retarde
> ou suspend le mouvement.
>
> GOËTHE.
>
> La nature est le guide suprême et
> l'éternel modèle de l'art.
>
> L'AUTEUR.

Deux éléments distincts concourent à la création des œuvres industrielles : la science et l'art.

La science apporte l'invention. Pour elle, l'industrie est l'application utile de découvertes souvent sans

[1] Programme proposé par l'Institut :

Faire ressortir les produits qui distinguent l'industrie française sous le rapport du goût, et en rechercher les causes;

Présenter les moyens de conserver à notre industrie la position honorable qu'elle s'est acquise, de la fortifier encore et de diriger dans la voie du beau cette partie intelligente de la nation qui se livre aux travaux de l'industrie.

objet tant qu'elles restent dans le domaine de la spéculation.

L'art apporte la parure; et, bien qu'il trouve toujours sa fin en lui-même, l'industrie lui offre encore de nouveaux moyens de se manifester.

Certaines des productions de l'industrie portent le double caractère que leur imprime cette origine; mais, pour la plupart, elles sont plutôt spécialement ou scientifiques ou artistiques. C'est-à-dire que là où la science joue le rôle principal, l'art, quand il se montre, n'intervient que comme accessoire, tandis qu'il domine dans d'autres cas où la science n'a plus qu'une mission secondaire à remplir.

La première catégorie, qu'on peut désigner sous le nom de *produits de l'industrie scientifique*, se compose nécessairement des inventions où l'utile domine exclusivement. C'est surtout la machine. La locomotive y prend place à côté de la charrue et le métier à bas auprès de la presse d'imprimerie. Dans les créations de cet ordre, le pouvoir de l'art est très-restreint. Corriger ou déguiser la rudesse de l'invention, cacher sous une forme plus agréable l'aspect disgracieux dû à la sécheresse et à la nudité du produit purement utile, là se borne son influence.

Les objets si nombreux et si divers dans la composition desquels satisfaire au goût est regardé comme aussi nécessaire et souvent plus important que répondre au besoin, ces objets où la recherche du beau tient la première place, constituent la seconde catégorie : celle des *produits de l'industrie artistique*.

Quelque nombreux et importants, sous tous les rapports, que soient les travaux de l'industrie française au point de vue scientifique; quelque soit son droit à réclamer une large part dans les innombrables inventions qui ont si profondément modifié la société depuis un demi-siècle, ce n'est cependant pas là qu'il faut chercher pour la trouver en première ligne sans contestation ni concurrence. En industrie scientifique, la France a des rivales; en industrie artistique, on lui accorde le premier rang.

J'en veux dire de suite la raison première.

L'art, depuis le commencement des sociétés, a marché vers l'Occident. Aux temps passés, l'Egypte, la Grèce, l'Italie ont possédé tour à tour la royauté du génie; la France, aujourd'hui, a saisi ce sceptre.

Fidèle élève de ces grandes nations dont elle est l'héritière, elle sait que l'art, en brillant dans un pays, doit tout illuminer et qu'aucune des œuvres, à la valeur desquelles ajoute un goût plus pur, ne doit échapper à son influence. Elle se rappelle que, dans ces belles époques où elle va chercher des leçons et des exemples, elle trouve une fine coupe de Benvenuto Cellini à côté d'une imposante et gigantesque figure de Michel-Ange, une lampe auprès du Parthénon, un vase dans les Pyramides.

C'est sous l'empire de ces idées que sont mises au jour les productions industrielles. La suite dira dans quelle limite le résultat répond à l'intention; mais, abstraction faite des critiques que cette étude amènera et des reproches que méritent nos produits, la supériorité incontestable de la France dans les beaux-arts reste la cause première de ses succès en industrie artistique.

Les produits de l'industrie artistique ont une origine particulière. Alors même qu'ils sont inventés en vue d'une nécessité réelle, ils doivent encore leur caractère particulier à l'amour du luxe qui, presque toujours, a engendré cette nécessité.

L'amour du luxe existe partout. C'est une aspiration vers le mieux ou vers le beau, qui varie selon les objets, change suivant les moyens de chaque société, et dont la conséquence la plus immédiate est de placer au-dessus même de l'utile la richesse, l'élégance et le bon goût d'un produit. Les peuples nomades eux-mêmes ont leur luxe. L'arme, le vêtement et le harnais du cheval sont les objets où il se déploie, et on ne peut méconnaître le caractère que la naïveté sait imprimer à ces ouvrages, caractère qu'un art moins primitif, mais aussi moins vrai et moins naturel, chercherait en vain.

Ici le luxe et ses effets sont bornés. Dans un état social avancé, il n'en est plus ainsi, et la limite est reculée à l'infini.

Si la civilisation distribue chaque jour à l'homme ses bienfaits, elle ne lui apprend à les goûter, à les apprécier, qu'en créant autour de lui autant de besoins nouveaux. De futiles qu'ils sont souvent à leur apparition, l'habitude finit par rendre ces besoins absolus. Tel objet ignoré de nos pères est aujourd'hui, pour nous, d'une nécessité indispensable; telle superfluité dont le pauvre ne soupçonne pas l'usage, ferait gémir le riche s'il en était privé. Factices ou réels, ces besoins existent donc d'autant plus nombreux que la civilisation est plus avancée. La nécessité de répondre à ce qu'il y a d'utile en eux ferait tout au plus naître quelque invention nouvelle sans caractère particulier. Mais les fantaisies les plus capricieuses peuvent devenir le prétexte de créations originales; le désir d'embellir même l'objet qui doit, avant tout, remplir un usage matériel, se fait sentir, et l'art intervient.

Cette intervention augmente à mesure que la réalité du besoin s'efface; c'est-à-dire que le fini, la recherche de composition et d'exécution, les qualités artistiques d'une œuvre industrielle, en un mot, sont en raison directe de son inutilité matérielle. Les bijoux en sont un exemple évident.

Cela doit être.

L'homme, c'est la loi de nature, tend toujours au progrès.

A certains égards, celui qui s'applique aux productions destinées à répondre aux raffinements du luxe, paraît accomplir une tâche inférieure si on compare la mission qu'il s'est donnée à l'étude de ces problèmes dont la solution touche aux plus hauts intérêts de l'humanité. Il doit alors relever et annoblir ses travaux. Il doit remplacer par une valeur morale la valeur matérielle qu'ils n'ont pas ; il le fait en embellissant leurs produits.

C'est donc pour satisfaire les désirs engendrés par le luxe que l'industrie réclame le concours de l'art ; et l'art, qui ne saurait ajouter à la puissance d'une machine, vient achever, avec succès, une œuvre incomplète sans lui. Sans art, en effet, c'est-à-dire sans les règles qui contiennent et sans le goût qui dirige, le luxe n'est qu'une chose sans nom, pitoyable effet de la vanité ; soumis aux lois du beau, c'est une source de plaisirs pour l'homme intelligent.

L'amour du luxe existe non-seulement dans toutes les sociétés, mais encore dans toutes les classes d'une société.

Quelques rouages, deux aiguilles et un cadran suffisent à faire un instrument précis pour mesurer le temps ; voilà le nécessaire. Réduire cet instrument à de petites dimensions, en faire une montre, est un commencement de luxe. Simple et sans ornement, c'est le luxe du pauvre. La richesse de la boîte et la décoration qu'on y applique font de la montre un bijou ; c'est le luxe du riche.

La plus vulgaire poterie peut renfermer le liquide qu'on y verse ; quelques ajustements commencent à l'embellir ; les peintures et les dorures en font un vase précieux.

L'artisan substitue, dans ses meubles, le noyer au

bois peint, l'acajou au noyer; l'homme opulent fait sculpter les siens

L'ouvrière cherche à se parer dans ses habits de laine ; la femme du monde se revêt de velours et de soie.

On comprend dès lors que l'influence de l'art n'est pas limitée par la valeur des produits. Dès que l'amour du luxe est partout, dès qu'il se fait sentir à toutes les hauteurs de l'échelle, dont le premier degré est pauvreté et le dernier richesse, partout aussi l'art peut et doit intervenir. Lors même qu'il n'a pas à déployer toutes les ressources de l'invention et de l'arrangement, lorsqu'il doit agir sur un ouvrage sans prix, il peut encore corriger l'ensemble et épurer les formes ; il peut d'un objet grossier faire une œuvre agréable, charmante même, en la soumettant aux lois du beau.

En présence d'un rôle aussi important, je crois devoir jeter un coup d'œil sur les tendances artistiques, à notre époque, aussi bien de ceux qui sont appelés à jouir des œuvres que de ceux qui les mettent au jour. C'est peut-être une digression ; je l'abrégerai autant que possible.

L'ensemble des moyens dont l'homme dispose pour exprimer sa pensée, en obéissant aux lois fondamentales du beau, constitue cette généralité que l'on désigne sous le nom de beaux-arts. Chaque moyen en lui-même est comme un dialecte séparé, gouverné par les principes généraux qui régissent la languemère, en même temps que par ses propres règles. L'artiste ne pouvant se soustraire à la pression des idées vraies ou fausses qui s'agitent autour de lui, il y a toujours, à un moment donné, entre tous les arts, une corrélation indépendante non-seulement des personnalités, mais encore des conditions d'existence de chacun d'eux pris isolément. Il y a donc nécessairement des lois générales et communes. Les règles particulières dérivent des lois générales, en se pliant aux exigences de chaque spécialité.

L'influence des premières s'étend à tout ce qui touche aux arts sans restriction, parce qu'elles ne posent que des principes. Dans les secondes, il y a des distinctions à établir.

Et d'abord, quoique le nombre des branches dont la réunion forme les beaux-arts soit assez restreint, toutes n'ont pas place ici. Les arts du dessin seuls sont en jeu. Mais ce n'est pas tout. Parmi eux, il en est un dont l'influence sur l'industrie est plus directe et plus immédiate que celle des deux autres ; et celui-là, c'est l'architecture.

En effet, d'une part, l'art de bâtir tient sous sa dépendance un certain nombre de spécialités qui lui sont intimement liées ; de l'autre, les fréquents emprunts que l'industrie fait aux formes architecturales démontrent surabondamment qu'elle s'en reconnaît tributaire.

Aux faits viennent se joindre les principes pour compléter la démonstration.

Les qualités que l'on veut trouver dans les produits artistiques de l'industrie sont principalement celles qui ont trait à la forme extérieure des objets. L'élégance de l'ensemble, la fermeté unie à la finesse des contours, la pureté des détails sobrement distribués ou largement répandus suivant la destination de l'objet, la grâce ou la sévérité selon qu'il faut l'une ou l'autre, les mille recherches du goût toujours et partout, telles sont ces qualités. Si, pour elles, il y a une vérité absolue, comme tout artiste le croit puisqu'il la cherche dans l'exécution de son œuvre, on sait néanmoins qu'à chaque époque cette vérité a été interprétée d'une manière particulière. C'est par ces différences que se manifeste la diversité des styles qu'on remarque en étudiant les arts depuis leur naissance jusqu'à nous. Quant à la cause de chaque variation, il faut fouiller dans la pensée dominante du moment pour la trouver. C'est, en effet, à la direction unique des forces intellectuelles et des sentiments d'une société pendant un temps déterminé que sont dues les modifications dont je parle.

Or, les monuments présentent, avec les autres œuvres artistiques, cette différence importante que, dans celles-ci, la personnalité de l'artiste est la plus évidente, tandis que, dans les premiers, elle s'efface en partie devant l'influence exercée par la direction des idées publiques au moment de la création. Si donc un tableau, une statue peuvent être l'expression des pensées d'un homme, il est rare qu'une production architecturale soit autre chose que la traduction par l'artiste des sentiments d'un peuple, ou, si l'on veut, une page de cette traduction, car l'ensemble des monuments d'un siècle est la traduction tout entière. Il s'ensuit que, de tous les arts, l'architecture est le plus puissant pour caractériser une époque.

Il est encore une cause à son influence prépondérante.

On a généralement l'habitude de confondre les trois arts du dessin sous la dénomination commune d'*arts d'imitation*. Je suppose qu'on doit accorder un double sens à cette expression, et que, à côté de l'imitation réelle des formes que nous présente la nature, il y a l'imitation abstraite des lois qui la régissent ; mais la première manière de l'entendre est celle qui importe ici.

A ce point de vue, il y a encore une distinction tranchée à établir entre l'art de bâtir et les deux autres.

La peinture et la sculpture sont art d'imitation, même dans l'acception propre du mot, parce qu'elles reçoivent de la nature toutes les formes au moyen desquelles elles s'expriment, sans pouvoir les modifier. La première qualité, — je parle d'exécution, — que l'on demande à une œuvre, est l'exactitude. Une figure étant donnée, l'artiste ne peut déranger un muscle de sa place obligée, quel que soit l'effet qu'il veuille produire.

L'architecture n'est pas arrêtée par les mêmes obs-

tacles; aussi dirai-je qu'elle procède plutôt par analogie que par imitation. Ses formes sont créées et non
copiées. Elles sont soumises à certaines lois de ressemblance, mais jamais à une reproduction servile;
et, lors même que tel objet pris dans la nature est le
type spécial d'un détail d'ornementation, l'artiste jouit
encore d'une liberté très-grande dans la manière dont
il l'interprète. De la forme typique à l'imitation, la
distance est quelquefois considérable. L'art modifie, —
transforme le modèle, en ce sens qu'il lui imprime
un caractère particulier; caractère idéal, si l'on veut,
mais par cela même essentiellement créé.

Or, ces conditions premières des agencements de
détail en architecture, on les retrouve identiques
dans les compositions industrielles, avec toute la différence de l'immense au petit. Un grand nombre de
produits même sont des monuments; monuments à
porter dans la main, soit! mais les dimensions ne
font rien aux principes.

Cette prédominance était nécessaire à établir. On
comprendra maintenant pour quelle raison, tout en
parlant des beaux-arts en général, je crois devoir
insister sur certains principes qui paraissent plus spécialement applicables à l'art de bâtir.

Un savant historien, un profond penseur, parlant
des guerres d'Italie, au milieu desquelles s'ouvrit le
seizième siècle, a écrit ces lignes:

« Lorsqu'on traverse aujourd'hui les maremmes

« de Sienne, et que l'on retrouve en Italie tant d'au-
« tres traces des guerres du seizième siècle, une tris-
« tesse inexprimable saisit l'âme, et l'on maudit les
« barbares qui ont commencé cette désolation. Ce
« désert des maremmes, c'est un général de Charles-
« Quint qui l'a fait; ces ruines de palais incendiés
« sont l'ouvrage des landsknechts de François Ier. Ces
« peintures dégradées de Jules Romain attestent en-
« core que les soldats du connétable de Bourbon éta-
« blirent leurs écuries dans le Vatican. Ne nous hâ-
« tons pas cependant d'accuser nos pères. Les guerres
« d'Italie ne furent le caprice ni d'un roi, ni d'un
« peuple. Pendant plus d'un demi-siècle, une impul-
« sion irrésistible entraîna au delà des Alpes tous les
« peuples de l'Occident comme autrefois ceux du
« Nord. Les calamités furent presque aussi cruelles,
« mais le résultat fut le même : les vainqueurs fu-
« rent élevés à la civilisation des vaincus. »

Telle fut en effet l'origine de cette révolution dans les arts connue sous le nom de *renaissance française*. Fille de la renaissance italienne, elle lui emprunta d'abord ses artistes, elle imita ses chefs-d'œuvre. Amoureux de toutes les gloires, en même temps qu'il fondait le Collége de France et l'Imprimerie royale, François Ier bâtissait Fontainebleau, Saint-Germain, Chambord, le Louvre et appelait à son aide le Primatice et Léonard de Vinci. Mais bientôt l'art français devait surgir avec son caractère particulier; bientôt Jean Cousin, Germain Pilon, Philibert de l'Orme, Jean Goujon devaient prouver à l'Italie que nous n'étions plus à la merci de ses grands hommes, en même temps que leurs œuvres faisaient pressentir le moment prochain où nous n'aurions plus besoin de ses modèles.

D'ailleurs, si la supériorité réelle des artistes italiens attira un moment les regards du monde entier, on s'aperçut bientôt qu'il valait mieux s'adresser là où eux-mêmes puisaient des leçons, que leur en demander, et devenir leurs rivaux que rester leurs disciples.

Alors on étudia l'antiquité.

L'Italie, Eldorado où sont entassées les plus prodigieuses richesses, les mines les plus inépuisables d'œuvres enfantées par le génie, resta pour les artistes une terre sinon promise, au moins désirée. Mais Rome, siége du gouvernement papal, c'est-à-dire centre du mouvement que Jules II et Léon X imprimèrent aux arts, ne fut plus seule admirée. Sous la ville moderne, on alla chercher l'autre Rome, capitale de la république et de l'empire, dépôt où s'était entassé le butin des armées victorieuses, tyran qui avait ravi aux nations conquises leurs productions et leurs artistes. On réveilla l'antique cité de son long sommeil pour faire parler ses ruines.

Sous l'influence des tendances de chaque époque, ces études furent plus ou moins en honneur pendant les siècles qui suivirent la renaissance et l'art passa par des alternatives de grandeur et de décadence, d'originalité et d'exagération. Mais la non-réussite de certaines tentatives et le besoin de retrouver des principes perdus, une vérité oubliée, ramenèrent sans cesse et presque fatalement l'étude à son point de départ. La ville éternelle apparut donc toujours aux grands artistes comme le temple de l'art, le musée qu'il faut avoir contemplé, la source à laquelle il faut avoir bu, pour être initié.

Enfin, le jour vint où, trouvant l'Italie insuffisante à ses explorations, l'art moderne alla soulever le voile qui lui cachait la Grèce, l'Égypte, l'Asie, c'est-à-dire tout le monde d'autrefois.

De ces recherches successives est sorti l'art contemporain.

Tout art dérivé, étant tributaire de son principe, dans le cas où la cause première d'originalité, — je veux parler de la pensée qui est propre à l'homme ou à la nation, — fait défaut, la forme, qui n'est que l'imitation plus ou moins intelligente du modèle, prend le premier rôle. De là naît toujours une période sans qualités remarquables. Ainsi l'art français, qui fut doué d'un caractère bien tranché sous François Iᵉʳ et Henri II, — sans citer d'autres époques postérieures, — devint, à de rares exceptions près, froid et même un peu banal à la fin du dix-huitième et au commencement du dix-neuvième siècle.

Avec le règne de François Iᵉʳ commence l'apogée du pouvoir royal en France. Les arts ont alors pour but presque exclusif d'honorer ce pouvoir, comme, en d'autres circonstances, ils avaient été consacrés à glorifier la religion. Ils suivent à ce moment une route fixe et déterminée. Une pensée puissante pèse sur toute la nation. Cette direction leur imprime une grandeur particulière.

Dans le second cas, au contraire, il y a transformation de tout ce qui existe, il y a recherche d'une nouvelle constitution sociale. Rien n'est défini, rien n'est arrêté. L'art n'a rien à exprimer. Il ne peut que suivre le torrent et se modifier aussi pour être prêt quand son heure viendra.

Il lui faut d'abord retrouver la pureté de l'expression. Il abandonne les errements du siècle de Louis XV pour rentrer dans une voie plus noble, et toute son attention est appelée vers l'étude de la forme. Mais cette préoccupation devient presque unique; il dépasse son but. Puisant aux sources du beau, il se passionne pour son modèle. Oubliant quelquefois de chercher l'esprit, il se contente de la lettre et devient copiste.

Cette dernière révolution n'est pas terminée; je chercherai donc comment les artistes contemporains la continuent.

Les arts n'ont pas échappé à la domination, générale aujourd'hui, de l'analyse, et, sous son influence, les artistes ont commencé à chercher les principes derrière les faits. Quel que soit le résultat de cette tendance, eu égard aux œuvres produites, il faut d'abord constater qu'il est immense au point de vue de l'étude. En effet, dès le premier pas dans cette voie, tout système exclusif doit être banni, car l'analyse n'est sérieuse et utile qu'à la condition d'être complète.

Donc, plus de style condamné à l'avance et sans examen, parce que tout ce qui a été fait a eu sa raison d'être, et qu'il importe de la trouver ; parce que la connaissance du mal même est aussi utile pour fuir le mal que celle du bien pour chercher le bien; plus de ces textes immuables dictés par un préjugé et non révélés par l'étude; plus de ces conventions imposées, qui ne sauraient tenir devant l'examen.

Nul inconvénient ne peut d'ailleurs résulter de ce système, quoiqu'il semble assimiler l'art à la science en le soumettant à la méthode : d'abord, c'est que la méthode mène à l'ordre, et l'ordre est une des conditions premières de toutes les œuvres, qu'elles aient pour créateur l'homme ou la nature; ensuite, c'est qu'il existe en réalité plus de rapprochement dans le principe que dans l'application. En fait de science, l'analyse donne des conclusions d'une certitude mathématique; en fait d'art, les résultats sont souvent susceptibles de plusieurs interprétations qui renferment quelquefois une certaine somme de vérités chacune, car les idées sont toujours du domaine de la spéculation. La liberté, limitée seulement par l'exclusion du faux, reste donc accessible au génie d'une manière absolue.

Mais une époque où domine l'esprit d'analyse est une époque de transition; on y prépare l'avenir.

C'est l'origine d'une renaissance, et ce n'est pas encore cette renaissance. Les beaux moments de l'art
sont ceux où on croit, et non ceux où on discute.
C'est la foi de tous qui engendre les belles œuvres
de quelques-uns.

On ne peut donc demander aujourd'hui aux travaux artistiques que des résultats partiels, et non une
formule générale. Par cela même que notre siècle
est plutôt un siècle d'étude et de recherche qu'un
siècle de production, — je ne parle pas au point de
vue de la quantité, — il est naturel de voir les artistes
engagés dans des routes différentes, quoique tendant
toutes au même but. Chacun cherche la vérité, mais
chacun la cherche à sa manière. C'est précisément
cette diversité d'opinions qui nous débarrasse du
parti pris et nous fait progresser.

Ce progrès, appréciable pour les artistes, échappe
au plus grand nombre, et souvent certaines personnes, trop peu éclairées sur ces questions, viennent
demander du nouveau, sans remarquer que chaque
instant amène une modification. C'est à elles qu'il
faut le faire connaître, c'est à elles qu'il faut dire :
« En fait d'art, les révolutions ne se font pas en un
jour, et, si l'on établit des comparaisons entre les
œuvres produites à cinquante ans d'intervalle, on
trouve non-seulement des différences sensibles, mais
les seules qu'on puisse trouver réellement. Consultez
l'histoire, et vous verrez que toute modification pro-
fonde dans le caractère des créations artistiques fut

le résultat d'un événement immense. Ce fut toujours
à la suite de révolutions religieuses, sociales ou po-
litiques, et alors seulement qu'un nouvel état de choses en était sorti, que l'on vit l'art trouver en quelque
sorte la formule qu'il avait cherchée pendant la durée
de ces révolutions.

« Où est aujourd'hui le fait social nouveau qui soit
assez défini pour produire un effet semblable?

« Nulle part quant à présent.

« L'art moderne ne peut donc subir de changements
que dans le détail et non dans l'ensemble. Il se laisse
conduire tantôt par les croyances du passé, tantôt par
les aspirations vers l'avenir, selon la tendance du moment et les inspirations de chaque individu.

« Enfin, cette idée-mère qui, régnant et dominant
en dehors de l'art, peut seule douer une époque d'un
caractère complétement original, il ne dépend pas
des artistes de la faire naître ou de la développer. Ils
n'en peuvent être que les interprètes. »

Autour de l'homme sachant, avec les moyens dont
il dispose, donner une forme aux pensées que son art
peut traduire, il y a le public appelé à jouir de ses
productions. Ce public, dont la faculté d'appréciation varie entre l'intelligence et l'instinct, exerce une
grande influence sur la marche de l'art, car c'est
pour lui, et souvent d'après lui, que l'artiste travaille.

Chaque individu, par conséquent chacun des éléments qui constituent la société, a en lui un principe

de poésie plus ou moins développé, suivant la valeur de ses qualités morales. L'homme le moins éclairé et le moins susceptible de sensations peut toujours, dans telle circonstance particulière, éprouver une émotion agréable à la vue du beau. Il suffit pour cela que le beau se présente à lui sous la forme qu'il est capable de comprendre et d'apprécier. Il serait même artiste pour un moment, s'il pouvait exprimer ou re-produire ce qu'il éprouve et éveiller une impression semblable chez autrui.

Ce sentiment poétique commun à tous les êtres, mais différent d'intensité suivant la délicatesse ou la grossièreté des pensées de chacun d'eux, peut re-cevoir de l'éducation une impulsion puissante. Pre-nez un homme de facultés ordinaires sous ce rap-port, et apprenez-lui à les exercer ; appelez fréquem-ment son attention sur tout ce qui peut développer le germe que vous voulez voir grandir, l'instinct de-viendra intelligence, et le sentiment acquerra une vivacité et une spontanéité qu'on ne saurait trouver dans une nature plus heureusement douée au même point de vue, mais inculte.

L'Italien, moins intelligent, sous beaucoup de rap-ports, et moins éclairé que le Français; l'Allemand, plus froid et plus lourd, ont cependant le sentiment artistique plus réel et plus noble que lui. Cela vient de ce qu'ils cherchent et s'instruisent.

Le Français, jugeant tout avec sa légèreté prover-biale, les arts comme le reste, et d'ailleurs doué nalurellement d'assez d'enthousiasme pour se passionner à première vue, néglige de s'éclairer. Il se croit infaillible. Sous prétexte que l'art agit surtout par impression, l'éducation, sans qu'il l'avoue, lui paraît inutile, Il s'ensuit que, faute de principes, ces questions ne sont, à ses yeux, qu'affaire de mode et pas autre chose.

Cela s'accorde peu avec la grandeur de l'art; aussi, malgré des dispositions premières qu'on ne saurait mettre en doute, le public français, guidé par un goût peu châtié, ignore le caractère de l'époque actuelle, en méconnaît la valeur et souvent s'oppose au progrès par ses fantaisies pleines d'ignorance.

Mais si le défaut d'éducation spéciale lui fait aimer des œuvres fausses, triviales, vulgaires, ce n'est pas la seule raison qui le place en dehors des conditions indispensables au mouvement que les vrais artistes cherchent à produire. La prépondérance absolue que les travaux matériellement utiles ont dû prendre pendant ces dernières années, — prépondérance née de causes dont la réalité n'est pas contestable et accompagnée d'effets dont les avantages ne sont pas douteux, — et l'ardeur avec laquelle tous les esprits ont accepté et même encouragé cette tendance, pèsent en ce moment d'un grand poids sur les arts.

Cela devait être.

Le public, si facile à passionner, tient rarement une question en grande estime sans en négliger une autre; ce qu'il donne en plus d'encouragement ici, gé-

néralement là il le donne en moins. Il est même rare
qu'il n'arrive pas à l'exagération dans l'amour qu'il
porte à l'objet de son affection momentanée.

La conséquence immédiate de ce qui se passe aujourd'hui est d'élever l'utile au-dessus du beau, le
matérialisme au-dessus de l'idéalisme, et de ramener
toutes les questions, quelles qu'elles soient, à des
formules mathématiques. On peut donc regretter de
voir le peuple, qui passe encore à bon droit pour le
plus artiste de l'Europe, négliger de s'instruire et
n'apporter qu'un jugement faux dans ses appréciations, car les arts ont en propre une supériorité absolue : la supériorité des créations morales sur les
productions matérielles

Ainsi l'indifférence d'un grand nombre vient se
joindre à l'ignorance de tous. Néanmoins cette dernière, avec son cortége d'inconséquences, de préten-
tions peu justifiées au bon goût, de fausses appréciations, de jugements erronés et de caprices ridicules,
est de beaucoup la plus nuisible. Je me contente de
la signaler en ce moment, et je reviens à l'industrie.

Les produits artistiques de notre époque sont créés
sous l'influence, dominante aujourd'hui, de la mécanique. Ce fait est de la plus haute importance. La
substitution des machines à la main de l'homme,
dans un grand nombre de travaux, a eu pour effet de
changer complétement le caractère de l'industrie.

A ne considérer que la perfection des nombreux instruments dont sont pourvues la plupart de nos fabriques, il semble que plusieurs siècles ont dû fournir leur contingent d'hommes de génie, de découvertes et de progrès à la mécanique. C'est pourtant une science toute moderne, et, par comparaison avec ce qu'elle est aujourd'hui, on peut dire qu'elle n'existait pas au siècle dernier. La mécanique est née d'hier, et déjà elle a tout envahi.

Ce qu'elle a fait pour le développement de la société est incontestable, et si les services qu'elle rend à l'humanité étaient en cause, il faudrait s'incliner devant une science qui a su anéantir les distances, augmenter la production en diminuant le temps nécessaire à la fabrication, et multiplier la force de l'homme, au point de rendre faciles à quelques bras des travaux que l'antiquité eût à peine obtenus de ses millions d'esclaves. Mais il ne s'agit ici que des conséquences de sa domination, de l'influence qu'elle a exercée sur l'industrie artistique.

Il fut un temps, — encore peu éloigné de nous du reste, — où la plupart des produits que je désigne sous ce titre général étaient véritablement considérés comme œuvres d'art et traités comme tels. S'il en est encore ainsi pour certains d'entre eux, c'est l'exception. Autrefois, chacun était l'ouvrier de son œuvre. Cent exemples pourraient être cités ; un seul suffira : les ébénistes du seizième siècle nous ont légué de nombreux échantillons de la richesse et de la variété de leur imagination, et Boule a donné son nom à ces meubles charmants où sa fantaisie dessinait de fines et gracieuses arabesques de cuivre et d'écaille dans des cadres d'or et d'ébène.

Les œuvres industrielles des siècles passés se présentent toujours avec un caractère bien tranché d'individualité artistique, en même temps qu'elles sont douées d'une exécution large comme la pensée qui les a couçues, variée comme l'imagination qui les a engendrées. Elles rachètent leurs imperfections par la finesse ou la naïveté des détails, par la richesse et la verve de la composition. Enfin, si elles n'atteignent pas à un fini irréprochable, elles sont, en revanche, tout ce qu'il y a d'opposé à la froideur.

Dans tous les cas où la machine à pris la place de l'ouvrier, ces qualités ont disparu. Cela devait être. La main qui exécute tient à la tête qui compose par un lien qu'on ne peut rompre impunément. Il se produit là un effet qu'on ne saurait retrouver ailleurs. Sous l'empire de l'idée qui germe dans l'imagination, la main subit une influence en quelque sorte magnétique ; elle s'anime au contact de cette idée, elle la sent dans ses fibres, elle en tressaille, elle en vit, pour ainsi dire, avant de la mettre au jour.

L'objet ainsi produit a les qualités et les défauts de l'homme qui l'a créé. Les premières sont franches et pures ; les seconds sont amoindris par la vigueur d'une exécution digne de la pensée qui a présidé à l'enfantement.

Il y a loin de là au travail précis, régulier, net et poli d'une machine. Ici, pas d'imperfections, mais aussi pas de ces lueurs qui viennent éclairer et réchauffer l'œuvre. L'instrument y a pourvu. La composition première faite, et je la suppose douée de toutes les qualités imaginables, il s'en est emparé. Il a ainsi rompu le lien qui unissait l'exécution à la pensée créatrice. La navette va, vient, retourne et revient encore, le ciseau coupe, le cylindre polit, la scie débite, le marteau frappe, ne craignez pas qu'il y manque quoi que ce soit, la mécanique a presque atteint la perfection.

— Mais l'habileté de cette main, qui vit et frémit sous la pensée ; mais la fantaisie, fille de l'imagination et mère de la variété ; mais la naïveté d'exécution ; mais ces maladresses mêmes, qui, osons donc le dire, ne nous déplaisent pas parce qu'elles renferment encore des qualités, où sont-elles ?

Hélas ! plus rien de tout cela. Au lieu d'une œuvre d'art, la machine donne mille exemplaires tous semblables d'une composition revue et corrigée, et souvent si bien revue et si bien corrigée, que ses qualités disparaissent sous le calme et la froideur d'une rectitude parfaite.

Le prix que tant de productions d'autrefois ont acquis et la recherche dont elles sont l'objet sont la preuve de leur valeur, et non le résultat d'une vogue sans motif. L'industrie moderne elle-même le prouve.

Est-ce un caprice passager qui donne la supériorité aux riches cachemires de l'Inde sur les fins tissus de nos fabriques?

Est-ce la mode qui fait du point d'Alençon une parure hors ligne, placée au sommet de l'échelle dont
la dentelle de Cambrai occupe le dernier degré?

A ces questions, il n'est qu'une réponse possible.

Le moment actuel présente toutes les exagérations
d'une application sans mesure des nouveaux procédés. Le machinisme nous envahit. S'il se trouve
encore quelque industrie qui le dédaigne, sans doute
elle est taxée de rétrogradation et de réaction. Bien
plus! c'est à peine si les beaux-arts eux-mêmes pourraient se vanter d'échapper toujours à l'influence
exercée par ce besoin de trouver des moyens mécaniques pour tout faire. N'a-t-on pas eu l'incroyable
folie de fabriquer, à l'usage des aquarellistes, des
papiers où les teintes dégradées et fondues devaient
donner infailliblement la perspective aérienne! Les
artistes en rient, soit; mais qu'ils y veillent. Toute
idée générale a son importance.

Sans douter de l'avenir de l'industrie au point de
vue des qualités artistiques, on peut reconnaître qu'il
ne s'agit pas d'un fait passager, car la pensée qui le
produit est immortelle. Les exigences d'une société
nouvelle l'ont voulu. Aujourd'hui, l'industrie doit
travailler pour tous. Cette nécessité a engendré celle
de produire à bon marché, vite et beaucoup, toutes

choses qui s'accordent peu avec les exigences de l'art, mais que la mécanique résout parfaitement. Tenter la lutte contre ce torrent serait à la fois une faute et une impossibilité ; essayer de le conduire est le seul but que l'art puisse se proposer.

Le machinisme nous envahit, disais-je tout à l'heure. En effet, ce qui accuse surtout son pouvoir, ce n'est pas tant le fait matériel lui-même que ses conséquences ; ce qui prouve l'extension de la tendance du jour vers les moyens mécaniques, c'est que là où la machine proprement dite est impossible ou n'est pas trouvée, la machine homme s'est établie.

Je m'explique :

Parmi les produits de l'industrie, il en est peu qui ne passent par les mains d'un grand nombre d'ouvriers différents. Dans chaque spécialité, il s'en est en quelque sorte formé une foule d'autres qui sont comme les subdivisions de la première. Chacune d'elles remplit sa tâche avec toute la finesse, toute l'exactitude, toute la perfection dont elle est capable ; mais nulle ne pourrait faire ce qu'une autre a fait avant ou fera après elle pour l'œuvre commune. L'ouvrier qui peut produire un ouvrage complet est une exception.

Chacun devant mettre dans ses ouvrages quelque chose de sa personnalité, un je ne sais quoi qui lui appartient en propre et qui constitue l'originalité de son œuvre, l'association de plusieurs personnes dans un travail d'art est rarement admissible. Le défaut d'unité qui doit en résulter dans l'exécution ne peut être évité qu'à une condition : c'est que chaque ouvrier, s'effaçant complétement, consente à jouer un rôle purement mécanique.

Cette abstraction de toute individualité produit l'absence de caractère qui se fait remarquer dans beaucoup d'œuvres industrielles. On atteint une grande perfection dans le détail matériel, parce que c'est en quelque sorte le seul point où chaque spécialité puisse briller ; mais cette perfection n'est obtenue qu'au détriment des qualités artistiques absorbées par le mode d'exécution. En présence du plus beau modèle d'ébénisterie moderne n'a-t-on pas toujours, involontairement, une pensée de regret pour ces meubles où les artistes de la renaissance taillaient à plein chêne de si brillantes compositions, pour ces meubles dont les tiroirs glissent si mal sur leurs tasseaux, mais où l'art se développe et s'écrit à si grands et si vigoureux traits.

On doit donc accepter l'industrie moderne comme une nouvelle venue différant, presque en tout point, de sa devancière, et la position actuelle se résume ainsi : l'industrie et l'art ont été intimement liés ; la mécanique, en modifiant les moyens matériels de production, soit par elle-même, soit par son influence sur ce qui échappe à son action immédiate, les a séparés ; le besoin que l'une a de l'autre les rapproche mais ne les réunit pas toujours. L'influence de l'art, telle qu'elle doit s'exercer maintenant, est née de cette séparation.

En effet, si deux choses sont réunies d'une manière intime, il n'y a pas influence de l'une sur l'autre, il y a identité dans la fin et dans les moyens. C'était le cas autrefois. Dès que l'industrie s'est isolée et confiée à de nouveaux moyens d'exécution, l'art est devenu un maître dont les leçons lui sont indispensables. Comme, en réalité, ses productions ont pour valeur le goût plus ou moins pur qui les distingue, comme peu d'entre elles pourraient offrir les grandes raisons d'utilité et de progrès, apanage de la seule industrie scientifique, en échange des qualités artistiques qui leur manqueraient, elle doit, dans son propre intérêt, subir une influence nécessaire au succès de ses travaux.

Comment cette influence est-elle acceptée ? c'est ce que je dois examiner maintenant.

La séparation de la composition et de l'exécution résulte nécessairement de ce qui précède. La distinction qui existe en fait, il ne dépend pas de moi de la rejeter. Ce que j'ai dit à propos du machinisme prouve surabondamment que, dans l'état actuel de l'industrie, le rôle de l'art est ou nul ou fort restreint dans l'exécution. S'il se rencontre quelques cas particuliers pour me démentir, c'est l'exception ; je n'ai pas à m'en occuper à propos de généralités ; j'en parlerai quand il sera temps.

L'industrie artistique procédant immédiatement de l'art, ce n'est pas seulement par les qualités ou les défauts de l'ordre physique résultant d'un talent particulier qu'un produit quelconque s'en rapproche et s'y rattache. Au-dessus de ces liens il y en a un plus fort; il y a le principe qui dirige, et, s'il est méconnu, l'œuvre est mauvaise, quelle que soit d'ailleurs sa supériorité sur tous les autres points.

Ce principe, c'est la recherche du beau.

Qu'on définisse le beau ainsi que Platon : la splendeur du vrai; qu'on le place dans la simplicité, comme Winckelmann ; dans l'ordre, avec le père André; dans la variété, suivant Mendelssohn, on doit toujours lui donner pour origine essentielle l'unité. C'est ce qu'ont reconnu tous ceux qui ont voulu en essayer l'explication.

Le beau absolu, quoique en dehors du monde et de l'humanité, est le but essentiel vers lequel l'art doit s'élancer de tous ses efforts, en se dégageant des influences qui le conduisent vers un beau relatif et conséquemment discutable. C'est sa loi suprême. Au milieu des tendances particulières qui gouvernent les diverses branches de ce grand tout, cette loi doit se conserver intacte ; elle doit se retrouver dans chaque spécialité qui, par un côté quelconque, en dépend. Cela suppose, de la part de toutes ces spécialités, une marche régulière sous la direction d'une pensée unique.

Toutes les époques auxquelles un style bien tranché a mérité un nom particulier dans l'histoire se font remarquer par l'observation rigoureuse de ce dernier principe Partout où il y a des liens, ces liens se resserrent. Partout où il y a des rapports, les termes de ces rapports se rapprochent. Quelle que soit la voie dans laquelle on est engagé, elle est droite.

On chercherait en vain, aujourd'hui, quelque chose d'analogue à cette identité, à cette unité.

A quoi cela tient-il ?

— A une seule cause : c'est qu'il n'y a dans le public ni communauté de goût, ni parité d'intention, parce que ce public est ignorant. En industrie artistique, comme en art proprement dit, c'est la fantaisie qui fait loi pour lui.

Un roman paraît qui ressuscite le moyen âge ! aussitôt chacun veut un vitrail à sa croisée, une panoplie sur ses murs, un fragment de sculpture, moine à robe de bure ou vierge au corps diaphane, sur une console où se tord une chimère grimaçant. Une autre cause réveille une autre époque ; les mêmes effets se produisent ; l'idée nouvelle détrône l'idée précédente ; le dédain sans raison succède à la passion sans raison. La mode est une courtisane qui change souvent de favori.

Cela n'aurait rien de bien grave si ces fantaisies ne faisaient que des archéologues ou des antiquaires ; mais bientôt il ne suffit plus d'avoir autour de soi un musée d'œuvres bonnes ou mauvaises, peu importe dès qu'elles sont du style en vogue ; il faut retrouver ce style dans son habitation, dans son mobilier, j'allais presque dire dans son costume.

La renaissance domine ! que les maisons se couvrent de sculptures, que les meubles soient de chêne noir et les chaises à dossiers droits, qui rompront les reins mais seront de l'époque voulue.

Le Louis XV l'emporte ! que les angles s'arrondissent, que les ornements se contournent à se déformer. Ce sera peut-être mauvais, lourd, disgracieux ; qu'importe, le caractère demandé s'y trouvera.

Heurté sans cesse par ces aberrations qu'il est impuissant à empêcher, l'art, quand il le peut, s'isole et poursuit sa route. Il laisse alors crouler de lui-même cet édifice sans base qu'un autre, non moins chancelant, remplacera peut-être avant la chute. Mais l'industrie, appelée par sa nature à créer pour ces folles envies, doit plier sous leur despotisme. En l'absence d'une direction sérieuse, elle obéit à la loi du moment.

Ce n'est pas tout ; ces premières divagations sont soumises à une multiplication infinie, conséquence forcée de leur existence illogique. Bientôt, ce n'est plus seulement un amour qui se réveille subitement pour tel ou tel style mort depuis des siècles, amour que tout le monde partage ; c'est une foule de passions différentes nées des idées particulières de chacun, et que ne rattachent aucuns liens. Par suite des rapports qui existent nécessairement entre la consommation et la production, celle-ci suit une ligne parallèle. Il en résulte une désunion complète de toutes les parties. Il ne s'agit plus de composer en s'inspirant auprès de l'art contemporain, il faut chercher un modèle pour chaque chose dans le passé, et l'originalité, si précieuse dans toute création, disparaît.

Tandis que l'industrie scientifique, avide de nouveautés et presque dédaigneuse des découvertes précédemment faites, s'élance, avec une ardeur incroyable, vers l'inconnu, l'industrie artistique est dominée et conduite par la nécessité de l'imitation.

Voilà ce qu'amène l'ignorance du public. Ses connaissances, défectueuses en fait d'art proprement dit, ne sauraient l'être moins ici. Cet être collectif, qu'on appelle tout le monde, en est à apprendre les notions les plus élémentaires, et ceci entre autres : que s'il est agréable de posséder, comme curiosité, un meuble datant de trois cents ans, il n'est rien moins qu'absurde d'en faire copier un, et d'imiter à coups de poinçon les piqûres de ver du modèle, pour donner à la reproduction l'âge qu'elle n'a pas. Cette naïveté, prise au hasard dans mille faits aussi concluants, donne la mesure de ce qu'on peut attendre d'aide et d'encouragement de ceux pour lesquels l'art s'agite; elle justifie la responsabilité que je fais peser sur eux en les accusant de fausser la direction normale de l'industrie et de la faire plier à leurs caprices au lieu de lui laisser suivre sa route naturelle, celle où l'art la précède

En effet, à quelques rares exceptions près, exceptions toutes personnelles du reste, le fabricant n'est artiste ni par goût, ni par caractère; il est avant tout négociant. Que ses produits soient de vente facile et lucrative, voilà ce qui l'intéresse. S'il lui faut, pour cela, flatter les manies du public, il les flatte. Est-il blâmable ? Non, peut-être, car il ne croit pas avoir pour mission d'éclairer et d'instruire ; il exerce un métier, et c'est tout. Dès lors, si je trouve chez lui, au milieu d'une foule de produits sans valeur artistique, quelques œuvres d'un goût meilleur, d'un sentiment plus pur, je dois me tenir pour satisfait. L'acheteur peut choisir, et s'il ne sait pas distinguer le bon du mauvais, s'il ne sait pas profiter de la leçon qu'on lui donne par comparaison, je ne puis exiger du fabricant qu'il exclue l'objet le mieux prisé, parce qu'il choque le bon goût, au bénéfice de celui qui brille de qualités réelles, mais ne se vend pas.

Le compositeur de modèles est artiste, mais le moins libre de tous les artistes. Qu'il travaille sur commande ou qu'il fasse un projet, ses ouvrages sont toujours soumis à la loi du commerce, et leurs qualités ou leurs défauts, au point de vue artistique, sont d'une importance minime. Celui-ci est remarquable, mais sera d'un débit difficile ; il est repoussé. Celui-là est bien conçu, mais il y faut faire tel changement pour qu'il soit goûté. Il y perdra beaucoup de caractère, tout son caractère peut-être ; il n'importe, il rapportera davantage. Cet autre est laid, trivial, presque ridicule ; cela n'y fait rien. Le public aime ce genre, ce style , on l'exécutera avec réussite assurée.

Absence complète d'uniformité dans la marche, d'unité dans l'intention et par suite dans le fait, tels sont pour l'industrie, en général, les résultats de ces divagations.

Comment en serait-il autrement ?

Il est de ces lois morales auxquelles on ne saurait échapper, et personne ne peut mettre en doute la vérité des deux observations suivantes :

La première, c'est que l'artiste est fatalement influencé par les idées de son époque et qu'il n'y échappe que par exception. Quoi de plus difficile que de s'élever, dans l'ordre intellectuel, au-dessus de ce qui vous entoure et vous touche chaque jour et d'échapper à ce contact incessant. Le génie le plus original même en ressent les atteintes, et ses œuvres en portent les marques en quelque coin.

La seconde, c'est que ce même artiste est nécessairement étranger au sentiment d'un autre âge, et qu'il ne peut le faire revivre par la pensée de manière à créer autour de lui une influence plus forte que lui-même. Dès qu'il a fait renaître des idées mortes et souvent oubliées, il n'est pas dominé par ces idées, il les domine. Il n'est pas guidé par elles sans se rendre compte de leur pouvoir, sans le savoir même, parce qu'elles existent autour de lui et en lui-même; il les a étudiées, analysées; il les interprète enfin et ne les subit pas.

Il suit de là que lorsqu'un style passé sert de type

à une composition nouvelle, ou il y a reproduction servile, et c'est alors un travail de copiste plus ou moins intelligent, ou il y a seulement imitation. Dans cette dernière hypothèse, le produit n'est et ne peut être que bâtard, car il est créé sous l'influence d'un sentiment factice, celui que l'artiste a cherché, accouplé à un sentiment naturel, celui que l'artiste ne peut fuir. Dans ces deux cas, la valeur artistique de l'œuvre est toujours fort discutable.

Il est quelquefois nécessaire d'avoir recours au passé lorsqu'il s'agit d'exprimer une pensée ou de représenter un fait d'un autre temps. Si Phèdre accablée se laisse tomber sur un fauteuil pompadour, la mise en scène nous paraît burlesque ; il lui faut un siége antique et l'ébéniste doit s'adresser au grec. Ici, la reproduction servile est seule acceptable ; mais elle ne peut avoir d'autre mérite que l'exactitude ; et, ce mérite assez mince, elle ne l'atteint pas toujours.

Quant aux imitations, c'est-à-dire ce qu'on appelle compositions inspirées de telle ou telle époque, elles joignent presque toujours à l'inconvénient d'être nées d'un principe faux celui d'offrir une expression inexacte et incomplète des types où l'auteur cherche des inspirations. Tout en blâmant l'industrie de s'adresser à l'antique, au moyen âge, à la renaissance, au Louis XIV, au Louis XV, sans raison ni sens, on pourrait lui reprocher encore de ne pas même savoir marcher dans les voies qu'elle choisit, de prendre trop souvent pour modèles les exagérations de chaque style ; on pourrait lui dire — si elle n'était dominée par l'impossibilité d'échapper aux influences que je signalais tout à l'heure — qu'elle n'est ni assez antique, ni assez moyen âge, ni assez renaissance, ou Louis XIV, ou Louis XV, selon qu'elle veut être l'un ou l'autre.

C'est que, en fait d'art, l'imitation ne gît pas seulement dans la reproduction d'une forme caractéristique ; et lorsqu'on ne retrouve ni la pensée, ni les mêmes moyens d'exécution, la distance du modèle à l'interprétation devient incommensurable.

Quelque sévères qu'elles soient, ces critiques sont vraies et méritées par la généralité des produits qui constitue l'œuvre industrielle.

Les nations étrangères accordent à la France le premier rang dans les travaux dont une riche composition, des formes élégantes, une exécution recherchée sont les qualités principales ; mais cette supériorité est basée sur une force relative et nullement absolue. Or, il s'agit ici d'une étude sérieuse et non d'un panégyrique. Si donc, malgré ses tendances fâcheuses, l'industrie française, subissant presque à son insu l'influence de l'art où notre suprématie n'est pas douteuse, l'emporte souvent sur l'industrie des autres peuples de l'Europe, c'est en détruisant toute illusion à son sujet, c'est en réduisant le mérite de ses productions à sa valeur réelle qu'on peut provoquer des tentatives de progrès véritable, seul moyen de lui conserver sa position.

L'important est surtout de faire concourir la généralité à ces efforts qui ne sont aujourd'hui tentés que par un petit nombre d'individus.

En effet, au milieu de quelques spécialités se traînant dans l'ornière du mauvais goût, ont déjà surgi des réformateurs. Par l'autorité de leur talent, ils tendent tous les jours à régénérer leurs professions. Mais en échappant avec bonheur aux erreurs de ceux qui les entourent, empêchent-ils qu'elles n'existent ? Pour quelques fabricants de bronze, guidés par un sentiment artistique véritable, qui cherchent à transformer leur art et à le replacer dans la voie du beau, combien en pourrait-on compter qui pataugent encore dans le galimatias du rococo !

Ces artistes sont à l'état d'exception dans la foule qui les entoure, et leurs œuvres ne sauraient donner la mesure de l'inclination générale. Ils tracent la route, mais beaucoup s'en écartent ou même refusent de s'y engager. Quelques considérations sur les branches principales de l'industrie artistique rendront d'ailleurs ces vérités plus sensibles.

L'industrie ne peut être assimilée à une science définie et déterminée, dont les théorèmes s'enchaînent les uns aux autres et se forment par déductions successives. Ses produits sont des résultats ; c'est l'intelligence humaine sous ses formes les plus diverses et les moins susceptibles de rapprochements. Il est donc impossible de la soumettre à une classification rigoureuse ; on peut tout au plus rassembler ce qui présente quelque analogie, conventionnelle souvent, pour former des groupes généraux.

Ainsi, produit immédiat de l'amour du luxe, l'industrie artistique doit répandre ses ouvrages partout où le luxe se déploie, c'est-à-dire :

Dans l'habitation,

Dans le mobilier,

Dans le costume.

Ces trois manières d'être peuvent constituer trois catégories principales, et je les prends pour telles.

Cette première division admise, je veux encore déterminer les sous-genres de ces trois familles. Mon but est de mettre en évidence un certain nombre d'industries dont je m'occuperai à l'exclusion des autres.

Il est rare, en effet, qu'une spécialité ne se subdivise pas de manière à produire de nouvelles branches qui restent sous sa dépendance. Souvent encore deux ou plusieurs spécialités bien tranchées et qui constituent chacune une fabrication particulière et déterminée, se réunissent pour donner naissance à une foule de productions de moindre importance, qui, bâtardes quant à leur origine, ne sauraient être classées. Elles participent à la fois de celles dont elles dérivent ; elles en ont les qualités et les défauts, c'est tout ce qu'on en peut dire.

Etudier ce que j'appellerai les *industries-mères* est

donc suffisant, car il serait impossible d'aborder toutes les subdivisions sans arriver à des répétitions inutiles, puisque, si l'art a place partout, l'influence qu'il exerce sur les branches principales détermine le rôle qu'il joue auprès des branches secondaires.

L'habitation, quoique soumise à un art spécial, a sa part dans les productions industrielles. Il n'est question en ce moment ni de la composition, ni de l'ordonnance d'un édifice. L'architecture, moyen grandiose, langue pompeuse donnée aux peuples pour exprimer leurs pensées, écrire leur histoire et se révéler aux générations futures, ne saurait trouver place ici. L'art a quitté les hautes conceptions et les idées générales pour descendre au détail ; l'artiste ne compose plus, mais arrange, lorsque l'industriel apporte ses produits.

Ils sont nombreux.

Qu'il s'agisse d'ornementation aussi bien que de construction proprement dite, un architecte voit accourir à lui toutes les professions qui ont trait à son art. Chacune se présente décorée de sa médaille et munie de son brevet, comme s'il s'agissait d'une machine ou d'une découverte scientifique. La serrurerie donne les balcons, les appuis de croisées, les grilles, les consoles, les rampes et d'autres encore, toutes choses fabriquées par milliers sur les mêmes originaux. Les chapiteaux, les modillons, les frises, les rosaces sont, grâce au carton-pierre, des objets de commerce à tant la pièce. Le menuisier a son album,

où sont tracés ses profils ordinaires, et le parque-
teur, les dessins des mosaïques dont il a la spécialité.
Les cheminées en marbre Sainte-Anne ou Henriette,
bleu turquin ou vert de mer, offrent à l'acheteur
vingt modèles : Louis XV, à consoles, à modillons, à
griffes, à colonnes... que sais-je ! tous cotés à prix
fixe, suivant leurs dimensions et leur ornementation.

Entre tous ces produits, on doit le plus souvent se
contenter de faire un choix, car la dépense qu'entraîne un nouveau modèle permet rarement d'en
commander de spéciaux. Ce n'est donc plus l'architecture, et c'en est pourtant une partie importante.
C'est, pourrait-on dire, l'industrie architecturale.

Les professions qui me paraissent, au milieu de
cette énumération, jouer le rôle le plus sérieux, et
sur lesquelles j'arrêterai mon attention, sont celle du
serrurier, celle du sculpteur ornemaniste et celle du
fabricant de papier de tenture dont je n'ai pas encore
parlé.

Sous la dénomination de *mobilier* vient se réunir le
plus grand nombre de produits. Les meubles proprement dits à eux seuls présentent, depuis le bahut le
plus monumental jusqu'au coffret le plus délicat, une
infinie variété d'objets différents d'usage et de dimensions. Mais il s'en faut que ce soit tout. Aux meubles il faut ajouter : les tapisseries et les étoffes de
tout genre, qui s'étendent sur les parquets, recou-
vrent les siéges et décorent les croisées de nos habi-

tations; les bronzes, l'horlogerie et les nombreuses créations des orfévres ; les poteries, faïences, porcelaines, émaux, dont la nécessité fait des objets utiles et l'art des curiosités; tant d'autres enfin, que je ne nomme pas et qui ont leur place ici.

Cinq branches distinctes peuvent être considérées comme les industries principales auxquelles se relient, plus ou moins directement, tous les produits mobiliers : l'ébénisterie, la fabrication des tissus pour ameublement, la fabrication des bronzes, l'orfévrerie et la céramique.

Le costume, qui forme la troisième catégorie, offre à l'industrie un sujet de créations moins variées que le précédent ; mais on y trouve encore la bijouterie, les étoffes pour vêtement, les châles, les dentelles et ces futilités sans nom, que l'art rend charmantes et la mode précieuses.

Si l'on veut maintenant se faire une idée exacte de ce que donnent, surtout au point de vue de l'art, les diverses spécialités que je viens de mettre en avant, ce n'est pas à quelques travaux faits uniquement en vue d'une exhibition où chacun veut briller à tout prix qu'il faut le demander. Parmi les produits auxquels nous devons notre réputation de supériorité, il en est peu qui ne réalisent, au plus haut degré, toutes les splendeurs du luxe sous le rapport de la richesse soit de la matière, soit du travail. Partir de là pour juger une industrie conduirait à une fausse interpré-

tation. Il est à remarquer, en effet, que, très-généra-
lement, la valeur artistique devient médiocre et souvent nulle dès que la valeur vénale s'abaisse. Il
semble que l'art ne peut avoir accès qu'auprès des
objets les plus précieux, de ces objets dont la posses-
sion n'est permise qu'aux fortunes les plus élevées,
aux fortunes princières, souvent même royales.

Telle n'est pourtant pas la vérité.

A côté de ces productions, dont le nombre est forcément limité, il y a l'infinie variété de ce qui est à la
portée de tout le monde. Or, je le répète, dans ce nombre illimité de produits, pas même le plus infime ne
devrait échapper à la domination des lois qui régissent le beau. Pourquoi, là, le goût est-il toujours
douteux, bâtard et souvent mauvais? Pourquoi aux
premiers, c'est-à-dire aux moins répandus, tout ce que
l'imagination et le talent peuvent donner dans la limite des idées modernes, et aux seconds, c'est-à-dire
aux plus nombreux, la nullité ou la laideur?

Ce n'est pas ainsi que l'art peut descendre et s'infiltrer dans toutes les classes de la société, ce qui est
de la plus haute importance aux yeux de quiconque a
foi dans son influence morale. Pour réaliser cette
pensée, c'est peu d'ouvrir un jour les palais à la foule
et de l'admettre à contempler une heure les prodiges
des artistes, les créations luxueuses de quelques ébénistes, les magnificences des orfévres, nos tapisseries
des Gobelins, nos porcelaines de Sèvres, toutes nos
gloires nationales enfin. Ces exhibitions, en soumet-

tant l'intelligence à une surexcitation exagérée, étonnent et fatiguent plus qu'elles n'instruisent. Au contraire, si les éléments constitutifs de toute œuvre d'art trouvaient leur application dans chacun de ces objets qu'un usage journalier ramène sans cesse sous les yeux de celui qui les possède, le sentiment du beau se développerait chez lui, ne fût-ce que par la force de l'habitude d'en contempler l'expression.

L'antiquité l'avait bien compris. Les objets anciens qui nous sont parvenus, les plus ordinaires, ceux qui nous ont fait pénétrer la vie intime des peuples d'autrefois, présentent toujours un caractère remarquable. A quelque usage qu'ils fussent destinés, les lois du goût n'étaient jamais négligées par l'artisan ; et, lorsque tout ornement en était banni comme inutile ou déplacé, la forme restait encore pour exercer et prouver le talent de l'artiste.

C'est donc à la production ordinaire, et non à une production que j'appellerai accidentelle, qu'il faut demander de faire connaître les tendances de notre industrie. J'ai, du reste, à peine besoin de dire que j'en excepte les professions dans lesquelles la richesse du produit est une des conditions nécessaires de son existence, parce qu'elles sont l'expression du luxe à son plus haut période de développement. Pour celles-ci, il n'est pas de production accidentelle.

INDUSTRIE ARCHITECTURALE.

Le rôle de l'industrie, assez restreint lorsque l'art se déploie dans un monument de premier ordre, devient fort important dans les constructions privées.

Quelque sérieuse que soit la nécessité d'user avec sagesse et réserve des deniers publics, l'honneur d'une nation et la gloire qu'elle récolte en dotant ses villes d'édifices grands et somptueux, lui ordonnent de mettre des bornes à son économie. Un monument, d'ailleurs, étant l'expression d'une pensée quelconque, tout, depuis l'ensemble de la composition jusqu'au moindre détail, doit tendre au développement de cette pensée. Ce n'est pas parmi les objets fabriqués, quoique nombreux et divers, que l'artiste rencontre ce que demande son œuvre. Il doit tout ordonner; l'industrie ne peut qu'exécuter ce qu'il compose lorsqu'il s'agit de détails à sa portée.

La limite qu'impose à toute dépense importante les ressources d'une fortune particulière place les édifices privés dans d'autres conditions, — conditions acceptables, du reste, si l'on considère le but de ces constructions. — Pour tout propriétaire, la maison qu'il fait construire n'est que la conversion en immeuble du capital qui constitue sa fortune. Son but est d'obtenir de ce capital le plus fort revenu possible. Toute recherche de luxe qui, sans ajouter à la

valeur de l'immeuble, augmenterait la dépense, doit
être repoussée. Néanmoins, comme il faut à celui qui
habite une certaine richesse de décoration, et qu'il
suffit presque toujours de l'apparence pour satisfaire
le goût douteux qu'il apporte à l'examen de ces détails, c'est à l'industrie que l'on s'adresse pour faire
du luxe à bon marché.

Qu'y trouve-t-on ?

Je vais le dire, au moins pour les professions les
plus importantes.

SERRURERIE.

Sous le titre général de serrurerie je confonds deux
industries distinctes : celle du fer forgé et celle de la
fonte de fer. Mais, il faut le dire sur-le-champ, de ces
deux industries la seconde a détrôné la première. Il
ne se fait plus aujourd'hui de travaux d'art en fer
forgé que par exception et dans des cas particuliers.

Si la rigidité du fer est indispensable à l'ossature
d'un objet, c'est par des appliques ou des panneaux
de fonte qu'on en fait toute la décoration. On peut
trouver encore quelque recherche artistique dans la
serrurerie de certains meubles; mais qu'est cela
comparé aux nombreux ouvrages que le fer produi-
sait jadis ?

C'est une rareté et une curiosité qu'une serrure,

un verrou, une charnière décorés avec l'intention d'en faire un ornement pour la porte sur laquelle on les applique. On s'attache à les réduire à leurs moindres dimensions, à les dissimuler ; et, comme ils ne peuvent être invisibles, on ne voit, pour les orner, d'autre moyen que la peinture, ou, lorsque le lieu exige un plus grand luxe, le vernis au four avec quelques filets de dorure. Considérez l'espagnolette d'une croisée : un chapiteau, une base, un ou deux fleurons dans la hauteur en sont les points saillants ; mais ce chapiteau, cette base, ces fleurons sont en fonte. La loi suprême de l'industrie moderne, l'économie, le veut ainsi partout où c'est possible.

La fonte de fer est donc arrivée à occuper une place considérable dans tous les édifices. Sans parler du rôle qu'elle joue dans la construction matérielle, elle apparaît inévitablement dès qu'il s'agit d'ajouter au métal une certaine richesse de décoration. La prétention de la faire lutter contre le bronze ne pouvait manquer de se produire, et l'on est arrivé à en faire des vases, des candélabres, des statues, des fontaines, c'est-à-dire presque des monuments entiers. Des industries placées sous la dépendance de l'architecture c'est, sans contredit, la plus importante.

Le premier acte de la fabrication, le point de départ, est une composition faite ordinairement par un artiste travaillant spécialement pour l'industrie, quelquefois par un sculpteur, s'il s'agit d'un ouvrage important, rarement par un architecte, ce qui mérite d'être remarqué. On sait, d'ailleurs, en quoi consistent les opérations suivantes. La composition exprimée en plâtre doit être traduite en bronze afin de fournir un modèle susceptible de résister à l'opération du surmoulage qui se répète autant de fois qu'on veut obtenir d'épreuves. La façon de ce modèle est chose importante; le bon fabricant lui donne tous ses soins. Il en est amplement dédommagé par des produits plus corrects et n'exigeant pas de retouches; partant, pouvant être livrés à meilleur marché. En effet, le travail à faire sur les épreuves surmoulées se borne à peu de chose. On les nettoie, on les ébarbe; en d'autres termes, on les livre au commerce presque telles que les donne la fonte.

Tout le mérite artistique d'un objet résulte donc de la composition première. On verra par la suite qu'il en est de même du plus grand nombre des spécialités dont il sera question. Dans celle-ci pourtant, l'art reparaît dans l'exécution par le fait du ciseleur, mais pour n'y jouer qu'un rôle secondaire, tant la ciselure est devenue un métier. J'en dirai quelques mots à propos du bronze; c'est pourquoi je n'insiste pas.

Que sont donc, au point de vue de l'art, les modèles qu'on rencontre dans le commerce ?

La plupart — je parle des objets spécialement destinés aux édifices, tels que balcons, appuis, rampes, consoles, etc., — donnent une preuve éclatante de l'insuffisance de l'industrie marchant sans guide, dans tous les cas où l'art devrait exercer une influence prépondérante. Lorsqu'une matière inconnue, des procédés nouveaux, lorsqu'une découverte enfin vient élargir le cercle dans lequel se meut une branche particulière, un fabricant pense-t-il qu'une voie nouvelle vient d'être ouverte à l'imagination ? Nullement. Qu'importe cela à ses yeux ! Pour lui, le résultat se traduit ainsi : moyen de produire plus économiquement ce qui se payait un haut prix, et quelquefois de faire ce qui était impossible, matériellement, bien entendu, avant cette découverte.

Presque tous les produits en fonte peuvent servir d'exemple à l'appui de ce fait. C'est à peine si quelque tentative d'originalité apparaît de loin en loin, et, il faut le dire, alors le plus souvent que l'industriel privé de toute initiative n'a pu qu'obéir aux intentions d'une volonté savante et éclairée, en exécutant l'œuvre d'un artiste créée pour un cas spécial. La généralité des objets qui constitue la production industrielle n'offre rien de satisfaisant. Les types en sont pris partout ; et, l'on voit cette étrange anomalie d'une matière reproduisant à la fois des formes empruntées au métal qu'elle remplace et d'autres à la pierre, sans qu'on ait su lui tracer la route intermédiaire qu'elle pouvait parcourir avec ses propres moyens.

Outre leur composition bâtarde, certains modèles présentent, sous prétexte de richesse, une surabondance d'ornementation qui touche au ridicule. La nécessité de produire à bon marché ne permettant qu'un travail presque nul sur les épreuves surmoulées, la fonte est presque toujours empâtée. Les ensembles peuvent sortir convenablement ; mais les détails manquent de netteté, ou disparaissent, d'autant plus qu'à l'imperfection forcée du produit vient se joindre celle qu'y ajoute la peinture.

En effet, la nécessité de soustraire la fonte de fer à l'oxidation ne permet pas de l'employer sans un enduit qui la garantisse de ce danger. On peint les objets ordinaires ; on bronze les statues et les vases ; quelquefois on fait des imitations de marbre ou de porphyre ; enfin, on a produit des essais de fonte émaillée.

Bien que l'empâtement ne présente qu'un inconvénient peu grave pour des objets qui souvent doivent être placés loin du spectateur, ce devrait être néanmoins le motif de compositions particulières appropriées aux exigences de la fabrication. Mais cela n'a pas lieu, et ce n'est qu'en choisissant parmi les produits les plus simples qu'un architecte peut non satisfaire le goût, mais ne pas le choquer.

La substitution de la fonte de fer au bronze dans la reproduction des œuvres de la sculpture peut être un moyen de production économique ; mais, outre qu'il s'agit de deux matières qui ne sont pas comparables, je doute fort qu'il se trouve beaucoup de sculpteurs pour admettre qu'une couche de minium, une ou deux couches de peinture, et un bronzage par-dessus le tout, n'altèrent pas sensiblement le caractère de leur ouvrage. La fonte déjà trop lourde, trop terne,

trop peu vivante, si je puis me servir de cette expression, pour donner un résultat satisfaisant dans cet
emploi, ne serait tout au plus acceptable qu'à une
condition : c'est que la science trouverait le moyen
de préserver de l'oxidation le métal exposé à l'air
libre, sans le charger d'une épaisseur de couleur qui
dénature la physionomie des objets.

Que signifient d'ailleurs ces déguisements au moyen
desquels on prétend donner à des métaux inférieurs
l'apparence d'un métal plus précieux? Chaque matière
a ses qualités et son caractère, la fonte de fer et le
zinc, comme le bronze. Le bon sens voudrait qu'on
cherchât le moyen de les faire valoir et non de les
dissimuler.

Mais puisque dans l'état actuel des connaissances
scientifiques, la peinture est indispensable à la con-
servation de la fonte de fer, il faudrait au moins en
l'acceptant en tirer parti. En écartant les figures qui
sont dans des conditions particulières et qui, d'ailleurs,
représentent la plus haute expression de l'art du
sculpteur, ne devraient jamais subir l'affront d'une
matière commune, la première idée, la plus raisonnable je pense, qui se présente à l'esprit, est de faire
servir cette peinture qu'on ne peut rejeter à l'embel-
lissement et à la décoration de l'objet. A quoi bon
l'apparence du bronze antique ou du bronze floren-
tin? La polychrômie n'offre-t-elle pas un champ plus
vaste et plus varié? Peindre n'est pas cacher la matière dès que la couleur est employée comme sys-

tème d'ornementation. Au lieu d'un mensonge qui ne trompe personne, c'est une recherche susceptible d'ajouter à un produit la valeur qui lui manque.

Aussi je regarde comme fort heureuses les tentatives de fonte émaillée qui, comme principe, donnent l'exemple de l'application de la polychrômie à la fonte de fer. Que la couleur soit le résultat d'un émail ou d'une peinture, l'effet est le même.

Ces essais ont eu lieu sur des vases. Ce sont des meubles d'intérieur ; ils ont le fini qu'exige leur destination et qu'il n'est pas nécessaire de retrouver ailleurs où la peinture serait suffisante ; mais ils peuvent servir de point de départ. Un système d'ornementation emprunté à la couleur aurait peut-être un heureux effet : l'art, au moins par ce côté, pourrait ressaisir en partie l'influence qui lui échappe.

Tout ce qui peut concourir à cette fin mérite attention ; car, si la fonte de fer est fort employée dans toutes les constructions, elle y règne par l'autorité du bon marché et nullement par celle du bon goût.

SCULPTURE D'ORNEMENTS.

L'emploi du carton-pierre a fait une industrie de la sculpture d'ornements. Au moyen de ce système de décoration à bas prix, la simplicité des habitations d'autrefois a fait place à un grand déploiement de luxe rarement correct, mais en harmonie avec les idées du jour.

On a trop souvent critiqué le carton-pierre pour que j'aie l'envie de reproduire des appréciations qui ont force de chose jugée. Peu importe ce qu'il est et ce qu'il vaut ; le principal pour moi, c'est qu'il est et qu'on l'emploie. Il faut accepter un produit devenu indispensable. Il ne s'agit donc pas de regretter des qualités impossibles, mais plutôt d'apprécier la valeur de celles qui restent.

Les compositeurs d'ornements, les modeleurs j'entends, sont des sculpteurs, mais des sculpteurs qui se consacrent spécialement à l'invention des modèles destinés à l'industrie. Cela veut dire que, même dans l'acte le plus important de cette profession, l'art tend à devenir un métier. Tout le reste de la fabrication consiste dans les opérations ordinaires du moulage : le creux perdu, l'épreuve en plâtre, la retouche, le moule définitif en plâtre ou en souffre, suivant le besoin. La pâte est introduite dans ce dernier moule et pressée de manière à en prendre l'empreinte ; elle est ensuite séchée quelquefois à l'air libre, le plus souvent à l'étuve ; au sortir du moule, il ne reste plus qu'à réparer les épreuves et à gratter les coutures pour les livrer aux constructeurs.

Je ne mentionne ces diverses opérations que pour faire ressortir, s'il en était, celles où l'art aurait un rôle à jouer. Or, la composition et l'exécution du modèle exceptées, ce rôle est nul dans le reste de la fabrication. La réparation des épreuves même est un travail fort simple auquel on n'apporte que le soin strictement nécessaire. Mais j'ajoute que le mot *composition* — je m'en sers à défaut d'autre — donne l'idée d'un travail beaucoup plus élevé que celui dont il s'agit.

En effet, un architecte étant toujours placé entre ces deux nécessités : celle d'employer des pâtes pour décorer les intérieurs de la maison qu'il construit, et celle de choisir dans les produits que lui présente le commerce, puisqu'il est entendu que la dépense de modèles spéciaux lui est généralement interdite, que lui présentent les différents ateliers auxquels il s'adresse ?

Les fabricants de carton-pierre, après avoir pris pour types de leurs compositions l'antique et la renaissance, les ont complétement abandonnés aujourd'hui pour se vouer sans réserve à la reproduction des décorations du xviiie siècle. Si donc cet architecte construit la maison d'un amateur exclusif de l'art grec, par exemple, si, pour faire encore une autre supposition, il a le rare bonheur de travailler sans contrôle, au moins sous le rapport de l'art, et de conserver intacte la liberté de ses inspirations, et qu'alors, ne partageant pas l'admiration outrée des *pâtissiers* — c'est ainsi qu'on les appelle dans le monde des constructeurs — pour le Louis XV, sa composition n'ait aucun rapport avec ce style, les fabricants n'ont plus rien à lui présenter. Je me trompe. Ils lui offriront quelque ancien modèle âgé de vingt ou trente ans, vieux fonds de magasin dont les moules sont au grenier, car on n'en tire plus d'épreuves. L'ornement Pompadour est si gracieux ! Peut-on en faire d'autre?

C'est un parti pris, en veut-on la preuve?

Qu'un cas se présente où l'artiste fasse le dessin des moindres ornements de sa décoration, il se trouvera, je l'ai dit, en présence de frais considérables occasionnés par l'exécution de nouveaux modèles. Néanmoins, s'il abandonne ses compositions, si le commerçant, devenu propriétaire de ces dessins, peut les exploiter à son profit, ne semble-t-il pas qu'il y a là une compensation possible ! Cela devrait être, en effet, lorsque ces compositions réuniraient l'originalité au bon goût; mais il faut compter avec la vanité de l'industriel. Quelque absurde que cela paraisse, il ne saurait admettre qu'un architecte ait pu trouver des motifs de décoration d'une certaine valeur et comparables à ceux qu'inventent ses sculpteurs ordinaires sous sa direction. Lui seul sait ce qu'il faut à l'époque. On serait mal venu de lui dire que, loin de se soustraire à l'influence de ceux qui cultivent dans son entier l'art dont il aborde seulement un côté, il devrait la rechercher et s'y soumettre; il crierait au despotisme. C'est la tendance du jour que chaque partie se révolte contre le tout.

Rarement, donc, un fabricant conviendra que les modèles qu'il a faits sur commande peuvent entrer dans son commerce. Il tient à son idée; il fait du Louis XV; ne lui en demandez pas davantage, car il en fait, non-seulement parce que c'est la mode et qu'on lui en demande, mais, il le dit tout haut, parce que c'est ce qu'il y a de mieux.

Et pourtant, bizarre naïveté ! ce même homme vous avouera qu'il ne connaît que deux sculpteurs capables de lui faire des modèles irréprochables. Aussi a-t-il souvent recours à la copie textuelle, chose facile, car ce temps n'est pas si loin de nous qu'il ne reste quantité de ses productions. Mais, qu'on le remarque, ce style, qu'il prétend être le dernier mot de l'imagination, l'expression du goût de notre époque, trouve à peine deux ornemanistes susceptibles de l'interpréter !

Les besoins de quelques restaurations auraient fait naître isolément des produits copiés sur les ouvrages de cette époque; on l'admettrait sans peine. Une fabrication exclusive de ces mêmes produits choque le bon sens.

Le caractère principal de toute époque de transition résulte des tentatives particulières de chacun; aussi ces époques, bien qu'elles paraissent d'abord n'offrir qu'une réunion d'éléments hétérogènes, présentent-elles un immense intérêt dès qu'on les étudie dans leurs détails. Mais encore faut-il que chaque personnalité puisse se développer librement sans se heurter contre l'habitude et l'ignorance. Si l'on doit admettre que les produits artistiques, même de cette nature, sont devenus marchandise, on est en droit d'exiger qu'ils suivent la marche ordinaire du commerce et qu'ils fournissent des aliments à tous les goûts.

En plaçant en tête de ces lignes ce titre : *Sculpture d'ornements*, il ne pouvait entrer dans ma pensée d'aborder autre chose que la sculpture industrielle. Quand le produit reste une œuvre d'art, il est en dehors de mon cadre; je n'ai pas à m'en occuper. Mais l'industrie est tellement envahissante qu'elle entreprend certains travaux qui ne sauraient rentrer dans ses attributions. Il est permis de dire qu'elle ne respecte rien.

Un sculpteur ornemaniste ne craint pas d'annoncer qu'il *fait et exécute les statues d'église en plâtre, terre cuite et carton-pierre, telles que : Christs, vierges immaculées, vierges avec enfants et anges adorateurs, saints et saintes de toute taille, etc., etc... Marchandises garanties.*

Cette manière de traiter l'art a quelque chose de si ridicule, que, pour ma part, je ne trouve pas qu'elle vaille d'être sérieusement critiquée. Il y a d'ailleurs quelque chose de pis; c'est la déplorable ignorance qui l'encourage en faisant prospérer de telles industries.

PAPIERS DE TENTURE.

Le papier de tenture joue un rôle considérable dans la décoration intérieure de nos habitations, alors même qu'on veut y déployer une certaine magnificence. Le papier peint a détrôné le lambris; il lutte avec les étoffes, il remplace la peinture. Il décore l'appartement d'un prix peu élevé, et c'est là son emploi le plus ordinaire; mais il est encore précieux à un autre titre. Les fabricants, en arrivant aux dernières limites du bon marché, en ont fait un produit pour tous. Grâce à lui, il n'est pas de mansarde où la nudité des murs ne puisse disparaître sous une tenture peu coûteuse et néanmoins souvent très-acceptable.

La fabrication consiste dans un certain nombre d'opérations souvent nombreuses, rarement compliquées. Un artiste crée une composition, c'est d'abord un dessin fait suivant les procédés ordinaires. Dès qu'il doit être exécuté, il subit une transformation. Le compositeur en fait ce que j'appellerai une peinture à teintes plates, c'est-à dire modelée par tons juxtaposés ou superposés, mais non fondus. C'est le modèle. Le metteur sur bois s'en empare. Son travail consiste à isoler tous les tons identiques et à en transporter le dessin sur la planche. Vient ensuite le graveur; la gravure se fait en saillie.

La manipulation des couleurs est confiée à un préparateur dont les fonctions consistent à reproduire
exactement les tons que le compositeur a employés
dans son modèle. Il doit en outre pouvoir transformer les couleurs d'un dessin de manière que tel ornement, déjà exécuté dans la gamme des tons verts,
je suppose, puisse être reproduit dans la gamme des
tons bleus et donner un nouveau produit sans qu'il
résulte d'une nouvelle composition.

Ce qui précède constitue en quelque sorte la première partie du travail.

L'impression se fait par un procédé à peu près uniforme. L'ouvrier charge sa planche de couleur et la
place sur le papier suivant des points de repère ; un
bras de levier donne la pression sous le poids d'un
enfant, et le ton est fixé. Le même moyen sert à mettre des encollages pour appliquer des veloutés ou de
la dorure. Je n'insiste pas sur ces détails, non plus
que sur quelques autres qui ont peu d'importance
ici. Cette seconde partie de la fabrication constitue
un travail purement mécanique. La machine, pourtant, y est peu employée en France ; elle n'a pu, jusqu'ici, donner des résultats complets pour tout ce
qu'on aurait à lui demander. Mais l'ouvrier remplit
son office, et, malgré les retouches qu'il doit donner
à la main là où la couleur n'a pris qu'imparfaitement,
le soin et l'exactitude sont les seules qualités dont il
puisse faire preuve.

En revenant à la première partie, on reconnaît la

nécessité de connaisances spéciales dans le préparateur. C'est d'abord et avant tout un homme de science, un chimiste. Mais la nature de ses fonctions exige autre chose. La mesure de son savoir. — j'ose à peine dire artistique, — est assez difficile à chiffrer. C'est quelque chose comme un travail de palette ; c'est plus que pour la copie, c'est moins que pour la composition.

La gravure ne demande que l'adresse d'un bon ouvrier ; la mise sur bois présente plus de difficulté. Une grande exactitude de dessin est indispensable. C'est, avec le travail du préparateur, ce qu'il y a de plus important dans la partie matérielle de la fabrication. Mais c'est le talent du dessinateur qui fait le beau modèle, et c'est le beau modèle qui fait le produit remarquable au point de vue de l'art.

L'industrie du papier de tenture a continuellement progressé depuis sa naissance. Il y a loin des contours imprimés remplis à teintes plates, tels qu'on les faisait au début, aux fleurs richement modelées, aux bouquets gracieux, aux guirlandes élégantes qui charment aujourd'hui l'acheteur. Sans doute cette marche est le résultat d'un progrès général dans la fabrication, sans pour cela que les procédés aient beaucoup changé ; mais ce progrès seulement matériel, n'eut pas suffi à produire les ouvrages que nous voyons, si le talent des artistes n'y avait aidé par des compositions d'un rare mérite.

Il faut d'ailleurs signaler comme un point important la nécessité où se trouvent ces artistes de recourir souvent à la nature elle-même, pour trouver des modèles. Outre qu'elle les conduit à des études constantes et qui portent leurs fruits, cette nécessité a soustrait en partie la composition au danger de l'imitation et de la copie des décorations du passé. Il y a des exemples de ces reproductions, peut-être; mais encore ici, n'est-ce pas la loi générale comme dans certaines branches. C'est plutôt le résultat d'une influence extérieure, le besoin de fournir un produit en harmonie avec le style adopté dans les autres parties de la décoration, dans un cas particulier. Industrie nouvelle, créée et non pas transformée comme les précédentes; la fabrication des papiers peints a dû tout inventer; elle est souvent arrivée à des productions éminemment remarquables,

C'est peut-être dans la perfection même de ses produits qu'elle prête à la critique. Rechercher l'imitation trop fidèle de la nature dans les ouvrages fabriqués, est un défaut; car c'est le cas d'inventer, en quelque sorte, un art de convention, plutôt que de vouloir rivaliser avec la peinture. Cette observation qui se présente surtout à l'esprit en présence des tapisseries et de la céramique, où la tendance à la reproduction exacte est beaucoup plus sensible, peut également s'appliquer aux papiers de tenture. Ici, les artistes voient trop dans l'objet naturel un modèle à copier; ils ne songent pas à la possibilité d'une transformation où cet objet ne serait plus qu'un type qu'ils interpréteraient suivant leur imagination et leur goût.

Mais, si ce reproche est fondé, quand il s'agit seulement de dessin décoratif, que dire de la voie dans laquelle sont entrés certains fabricants ; que dire de ces tentatives orgueilleuses d'arriver à produire des tableaux ?

Si l'on n'y doit voir qu'un exemple de ce que peut l'adresse unie au savoir, un *fac-simile* des résultats curieux auxquels peut arriver une industrie, rien de mieux ! ces résultats sont étonnants. Mais qu'on prétende multiplier ces essais et nous donner ainsi des peintures pour nos murailles, voilà ce qui est inadmissible.

Le caractère du papier de tenture est d'être, avant tout, un moyen d'ornementation à bon marché. Quelle que soit la perfection de ce produit, perfection que j'ai d'abord reconnue et louée comme elle le mérite, il ne peut égaler les décorations contre lesquelles il lutte et qu'il remplace souvent. S'il atteint les mêmes prix, s'il n'y a plus économie dans son emploi, il est détourné de sa route naturelle. Mais cette cause d'exclusion est de moindre importance ; le fabricant soigneux de ses intérêts saura bien la trouver dans la comparaison de ses recettes et de ses dépenses ; il en est de plus sérieuses.

Reproduire des tableaux au moyen du papier de tenture, pour orner les murs de nos appartements, est théoriquement absurde et pratiquement sans emploi possible. Ces produits qui paraissent merveilleux, qui font illusion à dix ou douze mètres d'éloignement, perdent beaucoup de leur charme dès qu'on les rapproche à la distance qui sépare l'œil de la muraille dans une pièce de dimensions ordinaires. Ce qu'on accepte pour un vase, un bouquet ou tout autre ornement, ne suffit plus dans la représentation de scènes où des figures jouent le rôle principal. Un tableau à teintes plates ne peut plaire que s'il est assez éloigné du spectateur pour que les tons se fondent. Dès que le travail devient visible, il choque. Puis, comment admettre cette idée de reproduire par l'impression une œuvre d'art à mille exemplaires; et, qu'attend-on de cette multiplication d'images après tout imparfaites? ce n'est ni le tableau du maître, ni la copie exacte de son œuvre.

Et maintenant quel est l'usage possible de ce produit?

Lorsque le papier peint figure une décoration par encadrements, panneaux, guirlandes, vases, bouquets et agencements de toute sorte, l'irrégularité des pièces à orner veut toujours que ces décorations soient en quelque sorte élastiques; en d'autres termes, qu'elles puissent être élargies, allongées, modifiées en un mot, suivant la place et les dimensions de chacun des trumeaux où elles doivent s'appliquer. Il n'est pas de cas où cela ne soit indispensable. Comme je ne suppose pas qu'on pousse la prétention jusqu'à vouloir encadrer les tableaux en papier peint, ainsi qu'un

Poussin ou un Rubens, pour les accrocher à la muraille, je demande comment on les placera, comment on obtiendra des encadrements réguliers, des champs égaux, comment on résoudra ce problème de marier ensemble des espaces de proportions différentes quoique placés côte à côte ; je demande si l'on fera des tableaux de toute dimension et qui s'harmonisent assez pour concourir simultanément à la décoration de la même pièce, et cela étant fait, combien il se rencontrera de cas semblables pour utiliser cet ouvrage.

Autant cette industrie me paraît satisfaisante dans beaucoup de ses productions, autant ces tentatives me paraissent fâcheuses dès que j'y cherche autre chose qu'un attrait de curiosité. J'y vois la décadence. Qu'est-ce, en effet, que la décadence à son commencement, sinon l'exagération succédant à la vérité, et l'envie de faire tout ce qui est possible dominant le goût de ce qui est simplement beau ?

Que le papier peint continue à produire des ornements, des fleurs, qu'il imite les étoffes, qu'il fournisse à l'architecte les moyens de composer des décorations variées, agencées suivant son goût et d'après la place qu'elles doivent occuper, il remplira son vrai rôle. Il jette aujourd'hui un vif éclat en restant dans ces limites. C'est une faute d'en sortir pour arriver à des tours de force qui étonnent mais sont sans objet.

Aux observations particulières à chacune des professions dont je viens de parler, il faut ajouter quelques mots applicables à toutes.

La plupart des industries artistiques placées sous la dépendance de l'architecture sont de jeunes industries. Détacher de l'art tout ce qu'il est possible de traiter en fabrique, bien ou mal, est une idée moderne. C'est une des conséquences de la tendance actuelle que j'ai désignée plus haut sous le nom de *machinisme*.

En général, la scission est complète. Au lieu de se soumettre à l'influence de l'art qui est son principe, l'industrie architecturale ne le cède à aucune en indépendance.

Mais ce qu'il y a de plus remarquable, c'est nonseulement qu'elle refuse de se laisser guider, mais qu'elle arrive à exercer un certain pouvoir. Dans ce cas, c'est tout simplement l'intervertissement de l'ordre naturel; c'est une circonstance anormale, où ce qui doit dominer obéit, où ce qui doit obéir domine. On peut regarder comme certain que la véritable manie avec laquelle les fabricants se sont mis à copier, sans discernement, les formes de telle ou telle époque passée, n'a pas peu contribué à propager dans le public le goût de l'imitation au détriment d'un amour raisonné de l'originalité. Or, d'être possédé de la passion d'un style à l'imposer dans les travaux qu'on commande il n'y a qu'un pas, et ce pas est bientôt franchi. Pauvre architecte ! tu te crois artiste; faistoi bien vite archéologue, ou renonce à travailler.

Là est une des causes de cette incohérence que l'on reproche si souvent, à juste titre, il faut le dire, aux productions architecturales de notre époque ; incohérence aussi injustement prise pour pauvreté par les uns que faussement considérée par les autres comme un progrès, comme le résultat de la liberté dans l'art, le développement de la personnalité de l'artiste dans son œuvre. C'est plus ou moins que tout cela ; c'est l'asservissement forcé de l'intelligence qui obéit à l'ignorance qui ordonne.

Je ne parle pas, on le comprend, des modifications profondes que les découvertes de la science peuvent apporter dans un système ; tel, entre autres, que l'emploi du fer, si largement introduit depuis vingt ans dans tous les édifices, qu'il a produit presque une ré- volution avant même que sa puissance et ses effets fussent connus. Il y a là une question toute particu- lière et en dehors de celle que je traite. J'insiste sur cette distinction parce que, si le rôle de l'industrie artistique doit être passif, celui de l'industrie scien- tifique peut, au contraire, être actif ; et que chaque découverte de cette dernière doit être pour l'artiste l'occasion de montrer son génie sous une forme nou- velle. Dans ce cas, la science invente et l'art embellit, tel est l'ordre logique.

Quant à l'industrie artistique, on ne peut lui accor- der d'initiative qu'en ce qui concerne les moyens de fabrication. C'en est le côté scientifique. Aujourd'hui, néanmoins, on y remarque, à de rares exceptions près, les empiètements du fabricant sur l'artiste et la prépondérance croissante de l'intérêt matériel du commerce au détriment de l'art. Elle est donc dans une voie fausse. Partie détachée de l'architecture, elle devrait la suivre humblement dans ses phases; elle marche seule; c'est de sa part révolte et folie.

INDUSTRIE MOBILIÈRE.

L'industrie mobilière n'est plus, comme l'industrie architecturale, sous la dépendance immédiate d'un principe déterminant à l'avance les règles auxquelles elle doit se plier. Ses productions sont des objets complets par eux-mêmes et non les parties d'un tout plus important. Les liens mêmes étroits qui les rattachent spécialement à un art, à l'exclusion des autres, constituent des analogies plutôt qu'une servitude absolue. Mais, en échappant à l'autorité que peut exercer une spécialité sur tout ce qui dépend d'elle, ces différentes branches n'en sont pas moins soumises aux théories générales que la recherche du beau impose à toute création artistique.

Ainsi, on ne peut exiger ni la même soumission, ni le même assujettissement à des lois imprescriptibles, et telle fantaisie qui paraîtrait déplacée dans l'art sérieux devient acceptable et souvent même agréable dans ces produits d'une portée moins haute;

néanmoins, reste toujours la condition immuable que la licence ne se substitue pas à la liberté et que, sous prétexte d'œuvres légères, l'extravagance et le dévergondage, traînant à leur suite le mauvais goût, ne prennent pas la place de la raison, compagne obligée du talent et modératrice nécessaire des excentricités du génie.

Cette indépendance rend peut-être les reproductions et les copies plus inexcusables encore que dans le cas précédent. Si l'industrie architecturale se plaignait que l'art de bâtir ne lui présente pas, à notre époque, un style assez caractérisé pour qu'elle y trouve son modèle, l'excuse, quoique mauvaise, aurait pour elle une apparence de raison. Mais l'industrie mobilière, jouissant d'une liberté en quelque sorte pleine et entière, il n'y a plus de motif admissible qui s'oppose aux qualités qu'on demande à ses ouvrages. Malgré cela, elles y sont encore assez rares pour mettre le bien à l'état d'exception. On en jugera par l'examen qui va suivre.

ÉBÉNISTERIE

L'ébénisterie répond à des besoins matériels en même temps qu'elle est appelée à satisfaire un assez grand nombre des désirs que fait naître l'amour du luxe. Elle s'adresse à toutes les classes de la société,

et ses productions sont aussi variées que les fortunes
de chacun sont différentes. Il serait assez difficile de
tracer une ligne de démarcation positive entre chaque
catégorie de produits ; pourtant on peut les diviser en
meubles, proprement dits, et ébénisterie de fantaisie.
Les meubles proprement dits, sont meubles de luxe
ou meubles ordinaires. Par ébénisterie de fantaisie,
j'entends nommer tous les objets d'une utilité douteuse qui, sans être véritablement des meubles, en
tiennent néanmoins la place ; tels sont les volières,
les jardinières, les coffrets, les étagères et cer'ains
ouvrages de tabletterie.

Ce que l'on constate dès le premier coup d'œil
qu'on jette sur les meubles de luxe, c'est que l'originalité y est à l'état d'exception et la composition un
plagiat constant. C'est l'imitation sans cesse renou-
velée des modèles de la renaissance, moins leur
grande tournure et leur exécution capricieuse, ou la
reproduction à l'infini du type de Boule, moins le
gracieux laisser-aller des ornements qui disparaît
sous une rectitude parfaite. C'est encore la copie servile des meubles du siècle de Louis XV que nos pères
reléguèrent, avec un dédain peu motivé, au grenier,
il y a soixante ans, et qu'une vogue aussi peu ration-
nelle a replacés dans nos salons modernes.

Les défauts que j'ai reprochés à l'industrie en général sont donc très-réels et très-apparents dans les
meubles d'un prix élevé qu'on trouve dans le commerce. Qu'importe après cela qu'un homme de goût,

s'adressant à un architecte ou à un sculpteur et lui
demandant des dessins, mette un fabricant dans l'o-
bligation d'exécuter, par hasard, une œuvre originale !
Ce sera un cas particulier dans la production et non
la production ordinaire, car les modèles que les artistes industriels fournissent aux ébénistes tournent
sans cesse dans le cercle que je viens d'indiquer.

Mais on doit d'autant plus blâmer le manque d'invention que les moyens actuels de fabrication mettent nécessairement l'imitation au-dessous du modèle;
cela seul devrait suffire pour la faire rejeter: Je m'explique en prenant pour exemple les meubles de la
renaissance.

Au seizième siècle, les sculpteurs ébénistes taillaient ordinairement en plein bois et faisaient sortir,
du même bloc à la fois, l'ossature et la décoration.
L'ornement le plus délicat était pris dans la masse.
Les ajustements étaient plus ou moins réguliers, cela
importait peu. Ce que les ouvriers cherchaient surtout, c'était la tournure, la maëstria; c'était l'œuvre
d'art, c'est-à-dire une traduction complète du sentiment de l'artiste où le style correspondît à l'idée.

Le travail moderne est tout différent. Un meuble
est traité comme un édifice. On en construit d'abord
la partie solide et ce qu'on pourrait appeler la décoration matérielle; les points d'appui, les pilastres, les
plates-bandes ou les arcades, les architraves ou les
archivoltes; en un mot, ce qui concerne le métier.
C'est la tâche d'ouvriers maniant habilement leurs

outils et arrivant à une précision d'ajustemeut très-remarquable. Cela fait, on habille ce squelette. Alors, les encadrements, les panneaux sculptés, les moulures, les frises courantes, les chapiteaux et en général tous les ornements sont rapportés, chevillés, cloués, collés, avec un soin, une adresse, une netteté, une régularité d'exécution qui ne laissent rien à désirer au point de vue du bien-faire, mais qui tuent toutes les qualités dont brillent les modèles anciens auxquels on ne peut s'empêcher de les comparer.

Le fini si parfait de nos meubles et l'uniformité de toutes leurs parties réveillent l'idée du procédé mécanique. On y trouve la recherche matérielle au lieu d'une facture large et du sentiment de l'art.

Cette perfection n'est un mal qu'autant qu'on l'applique à des objets faits à la ressemblance d'œuvres où domine, avant tout, la verve artistique, parce que, incompatible avec cette qualité, elle produit une imitation froide où ne se trouvent plus les beautés principales du modèle. Mais comme la bonne exécution, même matérielle, n'est jamais à blâmer, et que, sous ce rapport, l'industrie moderne est évidemment en progrès, le tort des ébénistes est de ne pas chercher à mettre dans leurs compositions l'art en rapport avec la fabrication. On trouve un ouvrage défectueux quand il est nécessairement en comparaison avec des œuvres analogues et supérieures. Au contraire, qu'il s'agisse d'un produit original, on le juge d'abord absolument et non relativement. Puis,

si l'on trouve que cette originalité a sa raison d'être,
qu'elle a pour but de satisfaire à des nécessités nouvelles, telles que des modifications dans la manière
de faire, que le fabricant a dû respecter, on l'accepte
comme l'expression vraie des idées du moment, on
l'apprécie, on l'aime. Sans doute, l'exécution est le
moyen de traduire la pensée, et le moyen doit obéir ;
mais encore faut-il que le compositeur n'ait de vo-
lontés qu'après s'être rendu un compte exact de leur
réalisation possible. Il faut connaître la langue dans
laquelle on écrit.

On peut donc dire, en principe, qu'à une fabrication nouvelle il faut un art nouveau ; que c'est une
faute d'imiter avec d'autres moyens des productions
dont les qualités sont inhérentes au mode d'exécution ;
enfin, que suivre le courant au lieu de le remonter
est pour l'industrie artistique, comme pour l'art proprement dit, une cause de progrès et d'originalité.
L'ébénisterie de luxe semble l'ignorer.

L'ébénisterie ordinaire est la négation absolue de
toute qualité artistique. Ici, il n'est plus question de
produire un meuble, il s'agit de fabriquer des dou-
zaines de meubles du même modèle. Sont-ce des lits ?
Un ouvrier fera les dossiers, un autre les bateaux, un
autre l'ornement ; celui-ci construira la carcasse,
celui-là plaquera l'acajou. Une forme est adoptée par
un fabricant, il la conserve pendant quelques années,
après quoi il pense que la mode doit changer et passe

à un nouveau modèle, qu'il traite comme le précédent.

J'ai parlé d'exceptions dans les produits luxueux, — et quoique rares il en existe effectivement ; — il n'en est plus dans cette seconde partie de la fabrication. Un modèle est toujours l'œuvre ou d'un dessinateur voué spécialement à ce genre de composition, ou d'un ouvrier plus habile que les autres. L'un comme l'autre, ils savent rarement trouver des idées nouvelles. Ils ont, celui-là parce qu'il en a dessiné, l'autre parce qu'il en a exécuté un certain nombre d'ajustements dans la main ; ils croient faire du nouveau en les modifiant, en les déplaçant, en faisant du carré un rectangle et du cercle un ovale, en mettant à droite ce qui était à gauche, en bas ce qui était en haut, car ils manquent d'une éducation artistique suffisante pour arriver à mieux.

J'ai déjà expliqué la nécessité de faire pénétrer l'art partout à l'aide des objets d'une valeur peu élevée. Le problème d'allier un goût pur et châtié avec la plus stricte économie se présente dans toute sa difficulté à propos des meubles ordinaires. Il est à résoudre.

L'ébénisterie de fantaisie a nécessairement beaucoup de rapports avec les meubles de luxe. Les ornements sculptés, les appliques de dorure, les panneaux de cuivre et d'écaille, les médaillons en porcelaine sont autant de moyens de décoration que l'on emploie dans ces meubles en miniature comme dans les œuvres plus monumentales. Soit que ces compositions, considérées comme moins sérieuses par les artistes, leur semblent une occasion permise de donner un libre essor à leur imagination, soit — ce qui est au moins probable — que, l'absence de modèles étant un empêchement à l'imitation, il en résulte la nécessité d'inventer, on trouve dans ces productions légères infiniment plus d'originalité que partout ailleurs. Peut-être même la fantaisie prend-elle un trop grand empire dans certains cas, et fait-elle oublier que l'ordre est la loi suprême de toute composition.

Un orfévre, d'un mérite d'ailleurs incontestable, discutant un jour certaine critique de cette nature adressée à l'un de ses ouvrages, disait : « Mon art emploie des matières dont la solidité rend tout possible, je porte un poids de cent livres au bout d'un fil de métal du plus petit diamètre; que vient-on dès lors me parler de la maigreur des points d'appui et de la légèreté exagérée des parties constitutives de la solidité ? Les proportions n'ont pas de lois pour limiter mon caprice. »

Je réponds encore à cela ce que je répondais alors : à côté de la solidité réelle, il y a la solidité apparente; à côté du possible, il y a le permis; à côté de la science, il y a l'art. Cent livres au bout d'un mince fil ne le feront pas casser, soit ! ma raison me le dit; mais mon œil s'en inquiète. L'art n'a pas pour mission d'étonner. Lorsque ses moyens d'action augmentent il doit en profiter, et pourtant il doit s'arrêter à temps. Appliquer au métal les lourdes proportions

de la pierre serait inintelligent; réduire ces proportions autant que le permet la force de la matière est
une exagération ; l'art n'accepte ni l'un ni l'autre.
Il prend le possible, ainsi que la géométrie prend l'infini comme une abstraction.

Ces principes ne sont pas seulement applicables au
cas particulier auquel je répondais, ils sont généraux.
Si l'on a nommé l'imagination la folle du logis, c'est
qu'elle a besoin d'être guidée ; c'est que, abandonnée
à elle-même, elle arrive souvent à l'extravagance.
Enrouler un feuillage autour d'un bâton avec la
même irrégularité, le même hasard d'arrangement
que pourrait le faire la nature jouant avec une jeune
plante, n'est pas de l'art ; contourner un support en
visant à l'imitation exacte d'une branche d'arbre n'est
pas de l'art, parce que ces ornements sont des caprices sans raison, et que sans raison l'art n'existe
pas, parce que ces imitations sont des copies serviles
de modèles puisés dans la nature, et que l'art n'est
art qu'à la condition de les idéaliser.

Quoi qu'il en soit, les créations de l'ébénisterie de
fantaisie témoignent de plus d'imagination et d'originalité chez leurs auteurs que les grandes productions
de l'industrie des meubles en général. Mais il est douteux qu'elles puissent être un point de départ pour
une régénération. Les compositions capricieuses ne
sauraient avoir beaucoup d'influence sur les œuvres
qui demandent un caractère monumental.

Il semble d'ailleurs que la perfection matérielle à

laquelle est arrivée la fabrication ne peut s'allier qu'à une certaine sévérité et un peu de grandiose. Sans exclure la grâce, la régularité et la précision de l'exécution veulent l'ordre et la sobriété dans la composition. Tel doit être l'avenir de l'ébénisterie quand elle consentira à exister par elle-même, au point de vue de l'art s'entend, au lieu de n'être qu'un pastiche sans cesse renouvelé des œuvres d'autrefois.

ÉTOFFES.

Dans tout système de classement basé sur la similitude des procédés de fabrication et sur l'analogie des matières premières, les différentes espèces d'étoffes seraient réunies en une seule et même catégorie ; et, quoique divisées suivant leur nature et leur usage, désignées par une dénomination unique, le mot : tissus. Ici, où la question d'art est prédominante, il existe une distinction tranchée entre les étoffes employées à l'ameublement et celles destinées au costume. Cette distinction motive deux classes de produits et par suite un aperçu particulier pour chacune d'elles.

Je m'occupe de la première en ce moment.

Dans la fabrication des étoffes, l'art ne peut avoir d'influence que sur la composition du modèle. Cette influence s'exerce sur le dessin et la couleur.

La richesse des nuances est due à la science du

teinturier ; la beauté des tissus résulte de la perfection des procédés ; enfin, la fabrication à la mécanique fait de l'exécution un travail sans valeur artistique. Je sais qu'à cette dernière remarque on peut objecter, comme exception, les tapisseries de haute lice ; mais quelles que soient les connaissances indispensables à l'ouvrier dans cette partie, ses fonctions se bornent à celles d'un copiste exact et intelligent. Si le dessin, la disposition des couleurs et la combinaison des nuances sont confiés à son habileté, ce n'est jamais que comme reproducteur fidèle d'un premier modèle qu'il peut en user. On sait d'ailleurs qu'à ce point de vue l'industrie est remarquablement bien servie.

Toute la valeur d'un produit, comme objet d'art, dépend donc, ainsi que je viens de le dire, du modèle dont il n'est que la copie.

Les tapisseries et les étoffes proprement dites constituent deux genres séparés.

Les dispositions adoptées dans les tapisseries sont de plusieurs sortes, mais on peut les réunir en deux groupes : dessins à dispositions régulières et dessins sans fin. Le tapis dit d'Aubusson est le type du premier, et la moquette du second.

Les tapis à dispositions régulières se composent généralement de bouquets et de guirlandes de fleurs et de fruits agencés dans des encadrements de manière à former un ensemble complet. C'est encore quelquefois des tableaux à personnages, mais plus rarement, parce que ce genre de composition exige plus de fini dans le travail, plus de fondu dans les nuances que tout autre; et, ces qualités étant les seules qui augmentent le prix des objets, ils deviennent excessivement coûteux et d'un placement difficile.

Il est à remarquer, en effet, qu'en industrie c'est le temps plus ou moins long exigé par le travail matériel et jamais le bon goût de la composition qui élève la valeur vénale du produit. Un fauteuil de quelques décimètres carrés, siége et dossier, peut facilement atteindre le prix d'un tapis de douze mètres superficiels. Les fleurs de l'un imiteront la peinture à s'y méprendre; l'autre ne présentera guère que le fini du papier peint. Le même tapis peut varier de valeur dans la proportion de un à quatre, sans que le dessin ni les dimensions changent. Cela fait que le fabricant cherche toujours à perfectionner son industrie en réalisant de véritables tours de force d'exécution et s'inquiète rarement du reste.

Si l'on excepte les fleurs où les compositeurs font souvent preuve d'un vrai talent, le dessin est, dans beaucoup de modèles, lourd, sans goût et sans aucun sentiment de la beauté et de la pureté de la forme. La couleur arrive à une vigueur remarquable, mais elle est rarement harmonieuse. En cherchant des effets éclatants, il arrive que, faute de connaître la valeur respective des tons et de posséder le sentiment de l'harmonie, le dessinateur ne produit souvent que des effets heurtés. Les tapisseries à couleurs vigoureuses sont donc généralement discordantes.

Les résultats sont de beaucoup plus satisfaisants dans les compositions à couleurs claires. Les nuances plus douces, les tons plus légers y sont mieux assortis. Mais le dessin reste dans celles-ci ce qu'il est dans les précédentes. Il y a évidemment défaut d'études suffisantes chez les artistes, quant à ce qui concerne l'ornement. S'il s'agit de former un bouquet, ils savent lui donner le charme et la grâce; mais, dès qu'il faut l'encadrer, ils sont plus que maladroits. La forme réelle est leur fait; la forme idéale leur échappe.

Les dessins sans fin donnent lieu à des critiques presque identiques: couleurs heurtées et criardes dans les tons vigoureux, sentiment plus vrai de l'harmonie dans les tons clairs; formes lourdes et tourmentées dans les dessins d'ornements composés, reproduction facile et élégante des objets naturels. Aussi les produits les plus remarquables sont-ils ceux où les enroulements et les rinceaux disparaissent devant les guirlandes et les bouquets.

Les productions de cette catégorie sont fréquemment entachées d'un défaut capital. C'est d'arriver à l'exagération de l'irrégularité dès que le dessin sort de la rectitude des figures géométriques. N'y a-t-il pas de milieu entre une confusion inextricable de formes enchevêtrées les unes dans les autres au caprice du crayon, et la raideur d'un dessin composé avec des intersections de lignes? Entre une moquette aux ornements contournés et tourmentés et la sécheresse de l'imitation des tapis de Smyrne, on conçoit facilement un intermédiaire doué du style que n'a pas la première et de l'élégance qui manque aux seconds.

Aux observations qui précèdent, il en faut ajouter une non moins importante. En général, le fabricant ni l'artiste ne se préoccupent assez de l'usage auquel est destiné un produit quand ils l'exécutent ou le composent. On peut douter qu'il soit très-rationnel de marcher sur des bouquets et de s'asseoir sur des tableaux. Je crains de poser mon pied sur cette rose charmante, si délicatement modelée qu'elle me fait illusion. Il me répugne d'appuyer mes épaules sur cette gentille bergère, à laquelle un pâtre non moins gracieux dit son amoureux délire au dossier de mon fauteuil. Je les verrais peut-être avec plaisir, — quoique l'imitation parfaite de la peinture me paraisse une faute dans ces productions, — sur une tenture, un lambrequin, une portière, un écran, et je préférerais pour le sol et pour le siége quelque ornement de convention. J'y voudrais une fleur moins naturelle et dont je n'eusse pas à craindre les épines.

Les étoffes proprement dites ont les défauts et les qualités des tapisseries, mais les uns comme les autres moins francs et en quelque sorte amoindris. Ce sont des productions plus uniformes. Elles ont d'ailleurs moins de pouvoir par elles-mêmes, en ce que la tapisserie doit être posée de manière à être visible dans toutes ses parties et à former le principal ornement de la pièce qu'il s'agit de décorer, tandis que l'étoffe est susceptible de plusieurs arrangements, tels que la draperie et le capitonné, qui, sans ajouter à sa valeur, doublent son effet. Aussi préfère-t-on souvent les velours unis, les satins, les brocatelles et les damas ton sur ton à des dessins aux couleurs heurtées et peu harmonieuses. Il y a donc plus d'art dans la manière d'employer un produit, avec le système de tenture à la mode aujourd'hui, que dans le produit lui-même. Alors même qu'il reste encore un dessin sur l'étoffe, ce dessin, déjà peu apparent, puisqu'il ne se détache que par une valeur de ton, passe inaperçu, car il se perd complétement dans les plis.

La préférence accordée à l'uni est motivée; les étoffes multicolores ne sont jamais assez simples. Les impressions, par exemple, dans lesquelles on obtient des résultats très-remarquables quoique imparfaits, sont souvent de vraies débauches de couleurs. La plupart de ces productions étonnent plus qu'elles ne séduisent l'homme de goût.

Il faut encore ranger au nombre des tissus pour ameublement les mousselines qui jouent le rôle de rideaux et de stores sous les draperies en étoffe.

Je faisais remarquer tout à l'heure que la valeur vénale d'un produit est fixée par la quantité de travail matériel qu'il exige; je pourrais ajouter que, aux yeux du fabricant, la même base paraît déterminer sa valeur artistique. Ce qu'il regarde comme le *nec plus ultrà* d'une industrie avancée, ce qu'il présente comme un de ses plus beaux produits, c'est toujours ce qu'il vend le plus cher. On comprend les conséquences de cette erreur au point de vue du goût. Ces mousselines légères, qui voudraient une décoration aussi fine qu'elles sont délicates, sont, pour produire un objet riche et remarquable, couvertes de broderies jusqu'à l'exagération. On ne recule devant aucun ornement, si lourd qu'il soit; un vase, des fleurs énormes, des feuillages, des branches, souvent d'ailleurs fort bien dessinés, mais dont les parties mates paraissent trop considérables pour le tissu qui les porte. Il s'ensuit, — et ce n'est pas le seul cas qu'on en pourrait citer, — que c'est quand l'industriel croit faire le mieux qu'il fait souvent moins bien. La broderie doit être légère en principe et toujours appropriée à l'étoffe qu'elle couvre, c'est-à-dire d'autant plus déliée que celle-ci est elle-même plus faible. L'industrie française en produit de telles; aussi n'est-ce pas tant à un vice de la fabrication qu'à l'ignorance artistique du fabricant que s'adressent ces observations.

On retrouve dans la broderie le charme qui s'attache à tous les ouvrages faits à la main. Quoique l'ouvrière ne fasse, en quelque sorte, que calquer un dessin, son travail n'est pas tellement machinal, qu'elle ne puisse faire preuve d'adresse et de goût dans l'exécution. Le cas est assez rare aujourd'hui pour qu'on se hâte de le mentionner.

BRONZE.

Le bronze est le complément obligé de tout ameublement d'un certain ordre. Tantôt avec sa couleur sévère, tantôt doué de l'aspect plus riche et plus séduisant que lui prête la dorure, il fournit la plupart des objets souvent indispensables, quelquefois seulement décoratifs, auxquels les cheminées, les consoles et les étagères servent de piédestaux. Pendules, lampes, candélabres, flambeaux, coupes, vases, le bronze se plie à toutes les nécessités comme à toutes les superfluités. Il s'allie aux marbres, aux porcelaines, aux cristaux, pour varier ses productions de mille manières. C'est donc, avant tout, une industrie de luxe. Mais, dans l'usage, après les objets de prix, vient une foule de produits qu'une fabrication moins recherchée, souvent jointe à un métal plus commun, tel que le zinc ou la fonte, met à la portée de tout le monde. Bien qu'on ne puisse leur demander ni le même fini, ni la même perfection d'exécution qu'aux premiers, les mêmes tendances artistiques doivent, dans la limite du possible, présider à leur création. Le bronze représente donc la tête d'une industrie plus étendue que ne l'indique le mot.

La fabrication du bronze a de nombreux rapports avec celle de la fonte de fer. A ce que j'ai dit au sujet de cette dernière profession, je n'ajouterai donc que quelques mots relatifs à la partie la plus artistique de l'exécution. Je veux parler de la ciselure.

Le ciseleur est figuriste ou ornemaniste, deux genres distincts que le même individu réunit rarement. Dès qu'il y a figures et ornements sur une pièce, elle doit passer par les mains de deux ciseleurs. Il faut pour la ciselure des modèles des artistes habiles. Il s'agit en effet de retoucher, de reprendre, de corriger le type définitif sur lequel seront moulées les épreuves, d'après la composition première. Ce travail doit être amené à un certain degré de perfection, en s'arrêtant toutefois devant les détails que la fonte ne sauraient rendre. Mais quels que soient l'adresse et le sentiment qu'exige la ciselure, elle est encore assez un métier pour lasser les meilleurs ouvriers. Aussi n'est-il pas rare de voir un excellent ciseleur se dégoûter d'un travail où il ne doit faire preuve d'aucune initiative et l'abandonner pour la sculpture. Cela constitue une difficulté pour la fabrication : celle de posséder de bons ciseleurs de modèles assez habiles pour l'ouvrage qu'ils ont à faire, mais en même temps assez manouvriers pour ne pas prétendre à un art plus élevé.

Les épreuves surmoulées doivent encore, au sortir de la fonte, passer par les mains d'un ciseleur. Celui-ci est loin d'avoir la même valeur que le ciseleur de modèles. Aujourd'hui, le but du fabricant est de diminuer, autant que cela se peut dans les limites du bien-faire, la ciselure sur les épreuves surmoulées; c'est dans cette intention qu'il donne toute son attention au modèle et qu'il tâche d'obtenir de la fonte des épreuves aussi parfaites que possible. Il a pour cela deux raisons : moins l'épreuve est retouchée, plus il est probable que le sentiment de la composition première s'y retrouvera; puis, en diminuant la part de la ciselure, en la rejetant dès qu'elle devient superflue, le prix de revient et, par suite, de vente, est réduit dans une énorme proportion. La fabrication moderne diffère en cela de celle du siècle dernier, où chaque épreuve était ciselée comme un modèle, mais rendait souvent la composition première avec inexactitude et coûtait infiniment plus.

La part du ciseleur faite, il n'y a plus d'art dans l'exécution. On conçoit d'ailleurs que cette fonction perde beaucoup de son importance à n'être pas remplie par celui-là même qui a composé le modèle. Le ciseleur, en exécutant les idées d'un autre, doit surtout s'attacher à les rendre avec exactitude ; l'artiste pourrait y mettre quelque chose de plus; mais les exigences de notre époque ne permettent pas de penser à ce genre de travail.

Entre toutes, l'industrie du bronze est peut-être celle qui marche avec le moins d'ensemble. D'un côté, la bric-à-bracomanie en a fait une chose sans nom, véritable pot-pourri où viennent se toucher, se mêler tous les styles; de l'autre, des efforts sont faits pour l'arracher à ces influences déplorables, une renaissance est tentée.

Lorsqu'on commença à se fatiguer du caractère uniforme de froideur et de sécheresse que présentent généralement les produits industriels créés sous l'empire, on s'attacha, en haine des imitations de l'art antique tel qu'on le comprenait alors, à rechercher et à rassembler les débris des productions des deux derniers siècles. Quelque fût le mérite réel de ces ouvrages, ils offraient du moins aux yeux de leurs possesseurs l'attrait qui s'attache toujours à ce qu'on est convenu d'appeler des curiosités. Ce ne fut au commencement que le désir de s'entourer d'objets doués de qualités artistiques que le goût de l'époque semblait impuissant à produire. Quant à créer une mode, il est probable que les premiers amateurs n'y pensaient pas. Mais les habitudes moutonnières de la multitude étaient là, et la mode s'établit.

Il devint donc convenable et de bon ton de ne posséder que des flambeaux fabriqués sous le règne de Louis XIV ou de Louis XV; la pendule dût avoir orné le boudoir de quelque marquise du dix-huitième siècle. Pourvu que l'objet pût placer la date de sa naissance avant la révolution, on ne lui en demanda pas davantage.

La conséquence de ce mouvement était inévitable. Le nombre des produits authentiques étant dépassé par celui des consommateurs, la contrefaçon vint suppléer à leur insuffisance. Puis, comme il fallut fournir à tout le monde, attendu que le goût était devenu général, la fabrication ordinaire suivit la route qu'on lui avait tracée.

Le mauvais choix des modèles qu'on se mit alors à reproduire et la maladresse de l'imitation furent la plupart du temps aussi complets que l'inintelligence du public avait été grande en poussant l'industrie moderne dans cette voie. On a dû subir pendant de longues années, il faut tolérer trop souvent encore les amours bouffis s'ébattant joyeux sur les gerbes de blé, les colombes amoureuses coquetant dans les nuages, les coquilles de fantaisie, les branches arrachées à des arbres imaginaires, les rinceaux impossibles, le tout ajusté avec autant de bon sens et de recherche que le hasard peut en déployer, le tout, amours, gerbes, colombes, nuages, coquilles, branches, rinceaux, dorés avec une profusion qui n'en saurait racheter le mauvais goût.

Aujourd'hui cette fièvre est à son déclin. Quelques fabricants joignant à l'envie de relever leur industrie le sentiment du beau et l'intelligence de l'art, ont entrepris une réforme au milieu de l'engouement général qui accueillait encore le rococo. Rien n'est plus opposé à la lourdeur, à la mollesse, aux formes contournées et tourmentées du Louis XV que la fermeté, la finesse et l'élégance qui distinguent les œuvres des réformateurs dont je parle. Leurs compositions sont quelquefois imitées, mais toujours avec assez d'intelligence pour paraître originales. Ils n'ont pu échapper à la nécessité de recourir d'abord aux formes pures de l'antiquité, et de s'inspirer de la beauté plastique de ses productions ; néanmoins, en demandant des leçons à tous les styles du passé, ils savent éviter d'être les plagiaires d'aucune époque.

Cette révolution tentée en quelque sorte contre le goût public, a su conquérir de suite des partisans nombreux et qui le deviennent chaque jour davantage. Le succès, quoique dû en grande partie au talent des industriels qui ont osé mettre dans le commerce d'autres modèles que ceux à la mode, a pourtant encore une cause que je ne puis omettre. La réduction par procédé mécanique des œuvres de la statuaire a répandu à profusion les créations remarquables des plus belles époques de l'art. De nombreux chefs-d'œuvre inconnus au plus grand nombre, souvent parce qu'ils sont loin de nous, souvent aussi parce qu'on néglige de les voir alors qu'ils habitent nos musées, ont été mis sous les yeux de tout le monde par cette invention. On n'en peut douter, les tentatives d'originalité de certains fabricants ont reçu un secours puissant de cette diffusion des plus beaux modèles dans le commerce, et, l'une aidant les autres, il est certain que le consommateur apprécie avec plus d'intelligence, depuis quelques années, la valeur artistique des produits nouveaux.

Le bronze, ai-je dit, représente la tête d'une industrie plus étendue que ne l'indique le mot, en ce sens que l'art ne régit pas seulement les objets de luxe, mais doit encore exercer son influence sur les objets à bon marché. Qu'importe en effet qu'un flambeau ou un garde-feu sorte de la boutique d'un quincailler? qu'importe qu'il soie en cuivre, en fonte ou en zinc? qu'importe, puisque la pureté de la forme et la recherche des ajustements doivent être indépendantes du prix des objets?

Malheureusement ces qualités sont trop rares dans la fabrication de second ordre. La réforme n'est pas encore sortie des hautes régions, de ce qu'on appelle assez communément les bronzes d'art, où elle lutte encore contre les vieilles routines et où elle doit triompher avant de descendre aux derniers échelons de cette industrie.

ORFÉVRERIE.

Si, comme je le disais en commençant, l'industrie moderne comparée à celle d'autrefois, présente tous les caractères d'une transformation complète, nulle branche à coup sûr, plus que l'orfévrerie, ne peut fournir un exemple frappant de cette vérité. L'orfévrerie n'existe plus que par exception. Le nom est resté; mais de la profession qu'il désignait, on trouve bien peu de traces de nos jours.

Si étrange que puisse paraître cette assertion, elle est exacte. Tout a changé dans cette industrie, et l'œuvre et l'ouvrier.

La fabrication ancienne avait ses moyens particuliers. Dans les ouvrages d'autrefois, le travail était apparent, l'attache restait visible et le clou servait d'ornement. Chaque pièce était faite à la main ; chaque objet était œuvre d'art dans toute l'acception du mot.

La fabrication moderne s'attache à déguiser ses opérations ; elle traite l'orfévrerie comme le bronze et le travail ne consiste plus que dans l'ajustement des pièces.

Au seizième, au dix-septième siècle, l'orfévre était un artiste et souvent un grand artiste. Il s'appelait Ghiberti ou Cellini, Briot ou Cousin ; aujourd'hui, à de rares exceptions près, ce n'est plus qu'un industriel employant des dessinateurs pour composer ses ouvrages et des ouvriers pour les exécuter. Ces ouvriers eux-mêmes ne sont plus les hommes habiles d'autrefois ; ils ne sont que monteurs et ajusteurs ; et lorsqu'un orfévre, de nos jours, veut exécuter un travail par les moyens employés dans la fabrication ancienne, il ne peut trouver d'aides capables qu'à la condition de les former lui-même, au moment de les employer.

C'est principalement dans l'orfévrerie d'église, mais non toutefois exclusivement, que certains de nos fabricants recherchent les anciennes méthodes. Parmi eux, il en est qui réussissent à produire des œuvres remarquables ; mais, dans ce cas, leur industrie devient, quant à la composition, un dérivé de l'architecture, et, par suite, est soumise aux errements artistiques et archéologiques du moment.

On sait ce que cela veut dire; on sait qu'il y a
trente ans, il s'est trouvé des hommes pour écrire :
qu'il n'est pas donné à notre siècle d'avoir une architecture à lui ; que c'est folie de vouloir reprendre et continuer les traditions de cette renaissance tant vantée,
qui n'est elle-même qu'une anomalie ; que l'architecture nationale en France est l'art ogival ; que les monuments de ce style sont les seuls appropriés à notre
climat, à nos besoins ; que la mission des artistes contemporains est de les relever, de les restaurer, voire
même de les imiter ; enfin, que les édifices du treizième
siècle sont la loi, et leurs architectes les prophètes de
l'art monumental du vieux sol gaulois. On sait encore
qu'il s'est trouvé des artistes pour adopter ces théories et s'en faire les champions ; que ces artistes d'un
grand mérite, mais d'un plus grand orgueil, ont saisi
avec empressement un moyen si facile de se mettre
en évidence ; qu'après avoir crié haro sur les imitateurs de l'antiquité, ils se sont fait les imitateurs du
moyen âge, comme si les copies n'étaient pas toujours des copies, quelle que soit l'époque qui sert de
modèle. On sait enfin que ces tentatives ont été en-
couragées et qu'elles ont triomphé dans de nombreuses circonstances.

Cette exhumation de l'art ogival ne pouvait s'arrêter au monument. Quand on restaure la rosace et le
clocheton, le pilier, l'arc brisé et sa nervure, quand
on rétablit la peinture murale telle qu'elle était — on
l'espère, du moins — il y a six cents ans, on ne peut

s'arrêter devant le meuble. Le maître-autel doit donc être composé sous l'influence des mêmes idées. Il lui faut ses flèches et ses feuilles de choux, ses trèfles et ses fleurons, ses chapiteaux fantastiques où la copie remplace l'invention, et ses figures naïves où la gaucherie est cherchée au lieu d'être naturelle. Le tabernacle, les chandeliers, l'encensoir, le calice, les burettes, ne peuvent davantage échapper à la domination du style souverain dans l'édifice. Voilà, dès lors, toute une partie de la fabrication infailliblement condamnée à vivre de copies et non d'inventions, à se rattacher au goût et au sentiment d'un autre âge au lieu d'exister par elle-même.

Telle est, en effet, la marche ordinaire de cette industrie dans la composition des objets destinés aux églises. Mais les résultats sont souvent loin de répondre à l'intention, et, pour une œuvre ayant du moins le mérite de l'exactitude, il s'en produit beaucoup qui prouvent, chez leurs auteurs, une ignorance presque complète du style qu'ils veulent reproduire.

L'orfèvre retrouve sa liberté dans les autres parties de son art; mais comment en use-t-il ? Écartez un ou deux industriels qui ont consacré leur existence à continuer l'œuvre des grands artistes que je citais tout à l'heure, il ne reste plus que des marchands et des orfèvres en faux.

Les découvertes de la galvanoplastie et les procédés nouveaux susceptibles de modifier le mode de fabrication semblent aujourd'hui beaucoup plus importants que la valeur artistique des produits. On parle, il est vrai, avec emphase, de la beauté de certains ouvrages; mais, pour quiconque y regarde avec impartialité, ces éloges sont des flatteries. Il ne suffit pas de répandre à profusion la ciselure sur une pièce, comme semblent le croire quelques fabricants, pour en faire une œuvre remarquable. Songe-t-on, d'ailleurs, à examiner le détail quand on est choqué à première vue par un ensemble défectueux? La composition d'abord, la pureté des formes ensuite, telles sont, avant tout, les qualités qu'on demande aux ouvrages que produisent les nouveaux systèmes, et ces qualités sont peut-être les seules qui puissent leur rester dans la voie où l'on s'engage. D'art, l'orfévrerie s'est faite industrie de luxe; d'industrie de luxe, elle tend à se faire industrie ordinaire; chaque jour elle ajoute à sa transformation.

Que penser de cette tendance?

Lorsqu'une industrie est utile à tous, lorsqu'elle fabrique des objets de première nécessité, on ne peut qu'applaudir aux perfectionnements scientifiques qui permettent de livrer la marchandise à bas prix, au plus bas prix possible. Moins il y a de privations, moins il y a de souffrances. En est-il de même pour certaines productions qui ne sont que fantaisies somptueuses? Je n'hésite pas à répondre : non. J'ajoute qu'en s'engageant sur cette route, une industrie, essentiellement de luxe, perd une partie de ses qualités et manque à son principe. Elle veut se mettre à la portée du plus grand nombre, chose inutile ; et, au lieu d'exercer une influence morale comme produit de l'imagination, elle abaisse ses créations au niveau des objets ordinaires du commerce.

Quand je demande à l'industrie de n'oublier jamais que par elle l'art doit s'infiltrer dans toutes les classes de la société, je ne l'entends pas ainsi. Ce n'est pas en cherchant les moyens de rendre accessibles à toutes les fortunes les ouvrages précieux, résultat qu'on ne saurait, d'ailleurs, atteindre complétement dans aucune circonstance ; c'est en soumettant aux lois du beau les objets même les plus infimes. Ce n'est pas en dépréciant ce qui est rare ; c'est en élevant ce qui est commun.

On prétend, aujourd'hui, faire des productions de l'orfévrerie des œuvres où la valeur artistique soit tout et la valeur matérielle nulle. On justifie cette intention en disant que la richesse de la matière a été la cause principale de la destruction qui a atteint tant de beaux ouvrages des temps passés, et que, nuisible par cette raison, elle est en outre inutile là où l'art doit dominer exclusivement.

Les artistes, qui sont les meilleurs juges de ce qui convient à leurs œuvres, ont toujours recherché les matières précieuses. Que je prenne pour exemple la Minerve d'or et d'ivoire du Parthénon ou les quatorze cent soixante-six pièces d'argent, de vermeil et d'or qui composaient la vaisselle de Charles V, dont deux cent quatre-vingt-douze étaient ornées de pierreries, ou tant d'autres créations plus modernes dont l'énumération serait infinie, j'y trouve la preuve de ce que j'avance. Mettre le beau en première ligne n'est que très-juste, mais il ne faut pas oublier qu'une matière riche, employée par une main habile, est un des moyens de le réaliser.

Je ne mets pas en doute qu'une belle composition, exécutée avec talent, ne puisse être indépendante du plus ou du moins de valeur de la matière et briller par ses seules qualités artistiques. Sans approuver qu'on le tente, on en conçoit la réalisation possible. Mais je cherche en vain ce mérite essentiel dans les ouvrages de nos orfévres en faux. Je ne puis que rappeler, à ce sujet, ce que j'ai dit, à propos de l'ébénisterie de fantaisie, sur les exagérations capricieuses de l'imagination que l'ordre ne gouverne pas. Je vois un grand nombre de pièces d'orfévrerie moderne reproduire des sujets où les personnages, bizarrement groupés et comme au hasard, donnent l'idée d'une scène représentée par des marionnettes.

L'art sévère de la sculpture, dont l'orfévrerie n'est qu'un diminutif, ne se plie pas à ces fantaisies. Intermédiaire entre l'architecture et la peinture, il ne peut, comme celle-ci, représenter une action sans emprunter à la première le caractère monumental que ses œuvres exigent ; et, lorsqu'il s'agit d'une composition isolée, complète par elle-même et réveillant l'idée de l'édifice, la nécessité de se rapprocher de l'art de bâtir devient plus impérieuse. Il faut presque recourir

à ses formes, du moins pour certaines parties. Qu'est-
ce que ce petit cavalier lancé à la poursuite de ce
petit cerf, bondissant sur de petits rochers, autour
d'un petit arbre, sans lien, sans agencement ? Qu'est-
ce que cette pièce, où l'auteur n'a pensé qu'à copier
la nature avec l'exactitude que comportent les moyens
employés ? C'est une composition d'enfant et non une
œuvre d'artiste.

C'est de l'ordre que naît la majesté de l'expression
et la grandeur du caractère. Peu importe que l'artiste
sculpte le marbre ou cisèle l'argent ! Une figurine
peut devenir plus grande qu'un colosse. Peu importe
qu'il s'agisse d'une création de Phidias ou d'une
œuvre d'orfévrerie ! les lois sont les mêmes ; un peu
plus de liberté que l'industrie accorde au compositeur
ne l'autorise pas à les transgresser.

Quant aux progrès de la science, aveugle qui ne
les admire ! fou qui ne les accepte ! mais entre une découverte quelle qu'elle soit, et sa mise en œuvre, il y
a souvent beaucoup à faire. Lorsqu'elle doit exercer
une influence sur une fabrication artistique, il est certain qu'elle y jettera d'abord la perturbation. L'homme
de science est impropre à lui tracer sa route, l'artiste
seul peut en diriger l'emploi.

Peut-être serait-il naturel de terminer cet aperçu
sur l'orfévrerie proprement dite, par un coup d'œil
sur la bijouterie ; mais elles me paraissent assez différentes par leurs tendances artistiques, les seules
importantes ici, pour ne tenir aucun compte des rap-

ports qui existent entre elles comme objets de commerce. Je laisse donc la dernière à la place qui lui a été assignée.

CÉRAMIQUE.

La céramique précieuse est, comme branche de l'industrie artistique, celle qui présente les plus charmants produits. Nulle part on ne trouve la grâce séduisante de l'art en si bon accord avec la perfection matérielle, le bon goût si étroitement lié à la bonne exécution. C'est que dans cette fabrication, ou tout au moins dans certaines de ses parties, l'art et la science dépendent mutuellement l'un de l'autre ; c'est qu'ils y sont inséparables, mais non pas rivaux. A la forme et à la décoration tracées par un artiste doivent s'associer un bon emploi des substances, de savantes combinaisons chimiques et des procédés de cuisson parfaits.

La peinture, qui présente comme moyen d'ornementation une application directe de l'art à cette industrie, est aussi essentiellement scientifique par la nature des connaissances qu'elle exige dans ce cas particulier, qu'elle est artistique de sa nature. Je ne parle pas seulement de la préparation des couleurs premières. Il va sans dire que ces produits des oxides de chrôme, de cobalt, de fer, d'antimoine, ou du précipité de cassien, joints à un fondant et mêlés à l'essence de thérébentine, sont le résultat d'opérations chimiques ; mais leur emploi veut autant d'études et d'expérience au point de vue de la science que sous le rapport de l'art.

Le plus ou moins d'épaisseur possible, les mélanges, les changements de ton à la cuisson sont autant de particularités qui viennent augmenter la difficulté du travail du peintre. Le carmin, par exemple, qui affecte la couleur brique lorsqu'il est exposé à la température du rouge naissant, passe, à mesure que la chaleur s'élève, par les tons intermédiaires pour arriver au violet sale à la température de fusion de l'argent. Cette seule citation suffit pour faire comprendre combien ces opérations sont délicates et demandent de précision. Aussi, l'artiste doit-il retoucher sa peinture, — jusqu'à deux fois dans certains cas, — au sortir du four. Chaque retouche exige d'ailleurs une nouvelle cuisson. En un mot, les procédés matériels et l'art marchent côte à côte, se dominent alternativement et s'entr'aident à chaque instant.

Dans toutes les parties de la fabrication, malgré quelques opérations mécaniques, l'intelligence et l'adresse de l'ouvrier ont la part la plus importante. Des trois moyens de façonner la pâte : le tournage, le moulage et le coulage, le premier est le plus employé, surtout pour la porcelaine. Les ornements, les anses, les garnitures sont ordinairement moulés ; mais les formes générales d'une pièce et les moulures sont obtenues sur le tour, et la main y joue un grand rôle.

Si l'on considère les méthodes en usage pour appliquer certains ornements, on trouve, à côté de l'incrustation, procédé quelque peu machinal, le modelage sur cru, où l'artiste peut montrer tout son talent. L'opération consiste à poser, au moyen d'un pinceau, de la pâte sur une surface de manière à produire une décoration en relief. Une simple différence de ton entre cette décoration et le fond, ou un ton particulier pour chacun, fait ressortir le dessin. Enfin, c'est aussi bien à la main que par voie d'impression qu'on applique les ornements en couleur ou métalliques.

L'influence des tendances fâcheuses de notre époque sur cette industrie est peu sensible; pourtant elle apparaît dans quelques cas particuliers.

Il existe aujourd'hui, dans le commerce, des faïences exécutées avec l'intention de reproduire ces émaux qui coutèrent à Bernard Palissy seize années de travail pénible entremêlées de succès et de déceptions. Comme exécution, les résultats obtenus sont fort remarquables; comme composition, quelques-uns de ces produits me semblent de véritables contresens. Un plat tel qu'en a fait Palissy, couvert de feuillages, de fruits, de poissons, de lézards, d'écrévisses, peut-être un objet éminemment artistique et curieux, mais à coup sûr, il est sans usage possible, si ce n'est celui d'orner un dressoir. A quoi bon, dès lors, copier textuellement? S'il s'agissait d'un objet matériellement utile, je comprendrais la nécessité de se rapprocher d'une forme usitée. Dans ce cas, l'habitude

prévaut. Il n'en est plus ainsi quand il est ques:ion
d'un produit purement décoratif. L'imitation n'est
alors qu'un plagiat.

Il y a d'ailleurs maladresse chez un fabricant à re
vendiquer de la sorte l'héritage d'un homme célèbre.
Il lui est toujours difficile de lutter contre l'opinion
qui le place au second rang à juste titre, puisqu'il
n'est qu'un imitateur. Qu'on emprunte à Palissy ses
émaux, rien de mieux ! un procédé industriel est la
propriété de tous ; mais qu'on lui laisse ses compositions, et qu'on sache en trouver d'autres.

Une autre partie de la céramique est celle des terres
cuites. Elle comprend les poteries pour plantes, les
vases d'ornements, les lustres d'été et autres objets de
même nature. On rencontre dans ces produits le même
système de composition que dans d'autres branches
de l'industrie. Formes et ornements sont, en général,
empruntés de côté et d'autre, et quelquefois assez
mal appropriés aux exigences de la matière première.
Les meilleurs modèles sont surtout gâtés par une certaine analogie d'aspect avec le carton-pierre, sans
doute parce qu'ils sortent de la main des mêmes modeleurs.

C'est donc dans la fabrication de la porcelaine, et
surtout la plus précieuse, qu'on trouve les qualités
artistiques à un haut point de développement. Si
quelques détails de forme ou d'ornementation laissent à désirer, c'est l'exception et non la généralité.
Un fruit, maladroitement arrangé pour servir de bou-

ton à un couvercle, quelques feuillages mollement contournés autour d'un vase, ne suffisent pas à faire oublier les fleurs charmantes et les séduisantes décorations qui rehaussent les formes souvent heureuses d'un grand nombre de productions.

Mais, quel que soit le mérite réel de l'industrie privée, c'est autre part qu'il faut chercher les œuvres remarquables qui font de la fabrication française une fabrication hors ligne.

J'y reviendrai tout à l'heure.

Quoiqu'il s'agisse de spécialités bien distinctes et qu'elles soient souvent engagées dans des voies différentes, l'art dont elles sont toutes tributaires au même titre établit des liens entre les diverses professions que je viens de passer en revue. Ce qu'on rencontre partout presque sans exception, c'est une fabrication parfaite; mais, je l'ai déjà dit, cette perfection est trop souvent obtenue au détriment de l'art.

Est-il donc impossible de réunir l'un et l'autre?

La différence qui existe entre les productions de l'époque moderne et celles d'autrefois, avec lesquelles on les compare forcément, puisqu'elles les imitent, résulte des principes qui ont dirigé le passé et de ceux qui dominent le présent. C'est dans le passé : l'art avant tout; c'est dans le présent : l'utile avant tout. D'un côté, recherche exclusive du beau, mais

accompagnée de toutes les imperfections matérielles
auxquelles on négligeait de parer; de l'autre, recherche exclusive du bien-être matériel, mais inintelligence
presque constante des qualités artistiques qui constituent le beau. Deux exagérations, par conséquent
deux fautes.

Ce passé que l'artiste admire ne peut plus aujour-
d'hui provoquer que le dédain du bourgeois devenu
sybarite, et le présent, qui est pour celui-ci le com-
ble du progrès, appelle sur les lèvres de l'artiste ce
mot : décadence.

Exclusifs tous les deux, ils ont tort et raison tout
ensemble; la vérité est entre eux.

Tout progrès, même physique, est un bien ! c'est en
cela que le public a raison.

Toute supériorité acquise par la matière sur l'intelligence est un mal ! c'est là où l'artiste est dans le
vrai.

J'ai, dès le commencement, donné une pensée de
regret aux époques éminemment artistiques, mais en
ajoutant qu'il fallait accepter les nécessités modernes
et en diriger la réalisation. Jusqu'ici, le fabricant s'est
uniquement préoccupé de perfectionner ses moyens
d'exécution, sans songer qu'il changeait le caractère
des produits et qu'il fallait de nouveaux types en
rapport avec un nouveau travail. Il s'adresse d'ailleurs à un public trop ignorant des lois du beau pour
comprendre cette faute et la relever. Il faut maintenant que l'art vrai, l'art tel que l'entendent les ar-

tistes, et non pas comme le comprennent les industriels, reprenne son rang dans un avenir peu éloigné, et que son influence redevienne prépondérante. A ce moment seul la production sera ce qu'elle doit être, parce que l'équilibre sera rétabli.

Les ouvrages de l'industrie retrouveront-ils alors le caractère qui distingue les travaux d'autres époques? Cela est peu probable, là où il n'y a plus de liens possibles entre la composition et l'exécution. Les qualités qui résultaient de cette union ne se présenteront plus; mais, j'oserai presque dire : qu'importe! Je ne doute pas qu'elles ne soient remplacées par d'autres qu'on ne peut encore prévoir. J'admets, d'ailleurs, que cette union deviendra moins indispensable dans l'avenir, ou qu'elle changera de caractère, en ce sens que les types nouveaux seront appropriés aux exigences actuelles de l'exécution. Je l'admets, sans vouloir pour cela soumettre l'idée au fait, la composition à la fabrication, mais comme une transformation morale se produisant d'elle-même et parallèlement à la transformation matérielle, pour se confondre avec elle à un moment donné.

Il est certain que, la plupart du temps, l'ornement étant produit par procédés mécaniques, c'est-à-dire facilement, vite et à bon marché, la profusion en est la conséquence immédiate. Mais il n'est pas douteux que, la décoration qui en résulte étant sans valeur, les artistes et les hommes d'un goût éclairés ne s'en lassent.

Est-ce d'ailleurs prophétiser?

Non, vraiment; le mouvement en ce sens est annoncé. Qui donc aujourd'hui oserait élever dans Paris une maison telle qu'on en a construit plusieurs il y a douze ou quinze ans, avec façade surchargée d'ornements qui lui donnent l'apparence d'une maison de bois ou de carton? L'architecture, en revenant à l'aspect monumental que donnent la grandeur des ensembles et la juste proportionnalité des parties, ouvre la route à l'industrie artistique.

Partout où la fabrication a changé, la composition se modifiera. Elle demandera ses effets à la simplicité, et, sobre de détails, elle n'en sera que plus grande. Le jour où la transformation sera complète, l'industrie, produisant avec des moyens nouveaux et obéissant à des idées nouvelles, aura acquis un caractère particulier, original, par conséquent une valeur réelle. On ne pensera plus à la mettre en comparaison avec celle d'un autre temps, que comme deux systèmes différents de création en tout point distincts.

Car je ne saurais croire que les branches soumises à de nouveaux procédés d'exécution soient seules appelées à subir cette révolution. Il faut, dans un temps donné, qu'elle s'étende à l'industrie tout entière; il faut qu'elle ramène l'unité là où toutes les parties agissent isolément; il faut, enfin, que ce qui tue l'art dans la fabrication moderne soit le principe d'une renaissance complète dans l'avenir.

MANUFACTURES DE L'ÉTAT.

J'ai parlé des tapisseries, sans nommer la manufacture des Gobelins ni celle de Beauvais; de même, en m'occupant de la céramique, j'ai laissé de côté la manufacture de Sèvres.

Ponrquoî?

C'est qu'aux ouvrages de l'industrie privée, il ne faut pas comparer ces œuvres faites dans des conditions exceptionnelles; c'est qu'aux efforts du particulier, travaillant à ses risques et périls, il ne faut pas opposer une fabrication dans laquelle la question pécunière est sans valeur; c'est qu'enfin les manufactures de l'Etat sont une particularité dans l'industrie, plutôt que l'industrie elle-même. Leurs productions peuvent être considérées comme des exemples offerts à tous de la perfection possible, comme des leçons. Elles doivent occuper la place du modèle et n'être pas confondues avec les produits analogues, qui peuvent rarement lutter avec elles.

D'ailleurs, quand il s'agit de la supériorité que l'industrie française peut réclamer sur l'industrie étrangère, ces établissements veulent une mention particulière. Il ne peut donc être question de les passer sous silence.

Néanmoins je serai bref. Il n'entre pas dans mon intention de vanter des perfections que chacun connaît et de distribuer des éloges à des œuvres que tout le monde admire. Ce qui importe ici, c'est plutôt la raison de leur supériorité.

Dans les manufactures de l'État, on cherche la perfection possible, et toutes les forces tendent vers ce but unique. A cela il faut ajouter, — car la volonté ne suffit pas toujours, — qu'on veut le bien avec intelligence, et qu'on sait employer les moyens qui peuvent y conduire. On déploie dans l'œuvre une patience sans limite, que ne vient gêner aucune préoccupation de gain; on corrige les fautes là où il est possible; on repousse tout produit défectueux; on entretient, pour former les ouvriers, des écoles spéciales, où chaque partie de la fabrication, art et science, leur est enseignée; on confie à des artistes éminents le soin de tracer les modèles et l'étude des questions qui peuvent aider aux progrès de ces manufactures, d'où il sort plus d'œuvres d'art que de productions industrielles; enfin, on remet la direction supérieure de chaque établissement entre les mains d'hommes capables d'en comprendre la destination. Il suffit, à l'appui de cette dernière remarque, de citer la manufacture des Gobelins. En parcourant la liste des seize directeurs qui s'y sont succédés, depuis près de deux cents ans, et dont Lebrun et Mignard tiennent la tête, on ne compte pas moins de douze artistes : six architectes et six peintres.

Ainsi administrées, les manufactures de l'Etat ont suivi une marche analogue à celle des beaux-arts; leurs produits ont subi les mêmes modifications de

style, les mêmes alternatives de progrès et de décadence. Cette soumission nécessaire à un principe
supérieur et dirigeant paraît ne leur laisser d'initiative que dans les recherches scientifiques et la fabrication proprement dite ; néanmoins, les progrès matériels et les découvertes de la science ont toujours
pour effet d'amener quelques changements dans le
caractère des produits, même au point de vue de l'art.
Il a fallu pour trouver tel ton dans la peinture sur
porcelaine, telle nuance dans la teinture des laines,
tenter cent expériences, subir cent échecs avant de
réussir. Aujourd'hui que tous les procédés ont presque
atteint la perfection absolue, il en résulte que rien —
ou peu s'en faut, — n'est impossible à la fabrication.

Mais les conséquences artistiques de cette puissance presque illimitée ?

C'est là un sujet qui m'a déjà occupé précédemment, celui de la reproduction réelle ou de la reproduction conventionnelle des modèles. Cette question
se présente aussi bien à propos des porcelaines de
Sèvres que des tapisseries des Gobelins, car, dans
l'un et l'autre cas, la reproduction réelle est recherchée comme une qualité. C'est d'ailleurs un fait d'autant plus important ici que la production moderne
doit son caractère propre à la perfection de ses ouvrages fabriqués sous l'influence de cette fausse manière de voir.

Je l'ai déjà dit pour les tapisseries, je le répète ici
pour les deux produits en question, dans les travaux

industriels, le dessin et la couleur devraient être traités d'une manière spéciale et conventionnelle. Chercher l'imitation exacte d'une peinture à l'huile sur un tissu ou celle d'une miniature sur un vase est une faute. C'est à produire des effets particuliers dans chaque cas qu'il faudrait avant tout s'attacher.

Lorsque la fabrication a abandonné les anciennes méthodes pour entrer dans la voie qu'elle suit aujourd'hui, elle a commis un contre-sens évident. Qu'on examine quelques pièces céramiques d'ancienne date, on ne tarde pas à reconnaître que par leur dessin naïf, leur couleur sobre, leur éclat calculé, leurs chairs à ton d'ivoire, elles atteignent une vérité de sentiment et une harmonie d'exécution que l'on considère avec une satisfaction réelle. N'en est-il pas de même des tapisseries, et n'est-il pas regrettable qu'on ait aussi complétement abandonné ce coloris de convention composé d'un petit nombre de tons invariables, mais solides et harmonieux ?

Ces changements, du reste, n'ont jamais lieu sans lutte. On trouve qu'entre l'époque où on employait exclusivement le coloris de tapisserie et celle où il fut définitivement remplacé par les méthodes actuellement en usage, il se passe presque un siècle et demi. La transition, on le voit, fut longue et difficile; mais les artistes, qui voulaient que leurs tableaux fussent exécutés textuellement, l'emportèrent sur ceux qui croyaient, avec raison, que dans les travaux de cette nature on doit traduire librement et non copier exactement.

Le temps de ce que j'appellerai l'art de convention est donc passé, et bien passé sans doute, car on ne redevient pas naïf à volonté. Le dessinateur, le peintre, le modeleur ne voient plus la perfection que dans la reproduction réelle, et tout en différant d'opinion sur ce point, on ne peut refuser son admiration aux qualités remarquables de leurs œuvres, on ne peut méconnaître le progrès quand il se présente.

Je le dis à propos de la manufacture de Sèvres. Il n'est personne qui n'ait remarqué les heureux changements que ces dernières années ont apporté dans la fabrication de cet établissement, spécialement sous le rapport artistique. Dans l'agencement des ornements, dans leur exécution, mais plus encore dans les formes générales des objets que dans leur décoration, les compositions se sont profondément modifiées. La finesse et l'élégance d'un grand nombre d'œuvres nouvelles remplacent avantageusement ces contours raides, ces profils sans grâce auxquels semblaient fatalement condamnés tous les produits d'autrefois.

Quant à la cause du progrès, elle me paraît assez évidente et vaut la peine d'être relatée. La révolution dont je parle et l'organisation d'un conseil de perfectionnement institué, en 1848, avec mission d'examiner tout ce qui touche au travail artistique des manufactures de l'Etat, coïncident assez exactement pour qu'on en attribue l'honneur à ce conseil. Le nom des artistes : architectes, sculpteurs, peintres et décorateurs, qui furent appelés à le composer, ne peuvent guère laisser de doute à cet égard.

En 1790, le journal l'*Ami du peuple* disait, en parlant de ces glorieuses institutions industrielles : *On n'a nulle idée, chez l'étranger, d'établissements relatifs aux beaux-arts, ou plutôt de manufactures à la charge de l'Etat; l'honneur de cette invention était réservé à la France. Telles sont, dans le nombre, les manufactures de Sèvres et des Gobelins.....* Je m'arrête devant les divagations qui suivent et conduisent naturellement à la suppression desdites manufactures. Ce que l'*Ami du peuple* disait avec ironie, nous pouvons le répéter, mais avec un sentiment d'orgueil. Non, la fabrication étrangère ne peut opposer à la fabrication française aucun ouvrage susceptible de lutter avec ceux que produisent Sèvres et les Gobelins; mais c'est là une gloire pour nous, et non une vaine gloire, car toute institution qui tend à conserver les traditions artistiques, à élever le goût par la création de belles œuvres; à propager le sentiment du beau, est utile à la prospérité d'un pays.

Loin de voir dans les dépenses qu'entraînent ces établissements une charge sans compensation, je regrette que deux industries seules paraissent dignes, à l'Etat, d'une faveur spéciale. D'autres branches aussi essentiellement artistiques, telles que l'orfévrerie, l'ébénisterie, etc., pourraient donner lieu à la création de manufactures semblables à celles qui existent déjà, régies par les mêmes principes et appelées, comme elles, à soutenir relativement et absolument la supériorité artistique de la France industrielle.

INDUSTRIE DU COSTUME.

Le costume a toujours été en France le sujet d'un grand déploiement de luxe, souvent même d'un luxe exagéré. Les lois somptuaires, promulguées à différentes époques, sont là pour l'attester. Mais ces lois ont été éludées ou sont tombées en désuétude, et le goût de la parure a survécu. Les usages ont changé, les formes se sont modifiées, les modes ont varié; ce qui est resté immuable, c'est la coquetterie.

Je laisse à d'autres le soin d'apprécier le costume moderne. Sans doute, la coupe des vêtements renferme une question d'art importante et d'un haut intérêt, sans contredit, pour la peinture et la sculpture; mais je n'ai pas à la traiter. Je me borne à faire remarquer que, sinon chez les hommes, chez les femmes du moins, les goûts de l'époque actuelle sont assez semblables à ceux des temps passés. La simplicité a fait peu de progrès. Il n'est donc pas étonnant que les industries destinées à satisfaire des désirs aussi constants qu'impérieux, aient sans cesse rivalisé de recherche et d'élégance dans leurs travaux.

Mais comment l'influence de l'art y est-elle comprise?

BIJOUTERIE.

La plus luxueuse, la plus éclatante de toutes les industries du costume est évidemment la bijouterie.

L'art de façonner les métaux précieux sous toutes les formes que peut rêver l'imagination, de grouper en fantaisies brillantes les pierres aux mille couleurs, aux reflets chatoyants, l'art du joaillier n'a jamais déployé plus d'invention que de nos jours. A l'inverse de tant d'autres branches de l'industrie artistique, qui ne procèdent que par imitation et par copie, la bijouterie vit d'originalité. Il faut bien le reconnaître, si elle voulait s'inspirer du passé, les modèles seraient rares; mais il n'en est pas question, Chacun compose, suivant ses idées, sans chercher à faire revivre le goût de nos aïeux.

On peut admirer, dans les rares bijoux anciens que l'on retrouve encore, une tournure plus grande, une facture plus large; on n'en rencontre pas qui l'emportent en grâce, en élégance sur les productions modernes. Le fini même, qu'on recherche aujourd'hui plus que jamais, ne saurait déplaire dans ces ouvrages destinés, par leur usage et leurs dimensions, à être examinés à de faibles distances et appréciés dans tous leurs détails.

Cependant, il ne faut pas se méprendre sur le caractère propre du bijou. Ainsi que les autres produits industriels, le bijou, plutôt qu'une œuvre proprement dite, est un assemblage de plusieurs ouvrages. Chaque partie sort des mains d'un ouvrier différent ; chaque détail constitue une spécialité. Le lapidaire, le graveur sur pierre, le mosaïste, le ciseleur, le sertisseur, l'émailleur, le brunisseur, etc., etc., concourent, pour leur part, à l'exécution du dessin qu'a composé un artiste, et, à l'exception des ouvriers dont le travail est purement mécanique, chacun jouit d'une certaine liberté dans la manière dont il traite son ouvrage. La composition première est surtout une indication d'ajustement et de formes générales. Le détail n'y est abordé qu'avec de certaines restrictions. C'est au fabricant à mettre l'unité dans l'ensemble, dont il a la direction suprême, en ne rapprochant, pour en former un tout harmonieux, que les parties qui peuvent y concourir.

Malgré ses qualités très remarquables, la bijouterie n'échappe aux défauts, nés des tendances générales de l'industrie moderne, que relativement et dans une mesure déterminée par la nature de ses productions, où le caprice doit être admis largement. Elle manque de style ; c'est le plus grave reproche qu'on puisse lui adresser ; mais en peut-il être autrement lorsque les artistes, abusant de la liberté dont ils jouissent dans leurs créations, se contentent souvent de tourmenter des formes bizarres sans raison ni sens, sous prétexte d'originalité? On doit blâmer ces écarts. Accepter la fantaisie, c'est élargir le cercle dans lequel peut se mouvoir une industrie, ce n'est pas le rompre. La véritable originalité, d'ailleurs, n'est pas celle qu'on cherche.

Quoique ces observations ne puissent s'adresser à la majorité des œuvres sérieuses, il n'est pas moins nécessaire d'insister. Le bijou, étant une dépendance du costume, est soumis, comme tous les objets de toilette, à de fréquentes variations, déjà sensibles à de courts intervalles, et presque toujours radicales après un certain temps. Les modes d'hier nous paraissent à peine acceptables aujourd'hui; celles de dix ans nous étonnent; celles de vingt ans nous semblent ridicules, et celles de trente, impossibles. Ces modifications ayant pour cause unique l'amour du changement, sans que la raison et la nécessité les motivent, le bien et l'agréable courent grand risque d'être remplacés par le laid et l'incommode ; ils n'y échappent pas toujours. L'art devient alors une question secondaire.

Cette situation est vicieuse pour une industrie essentiellement artistique. Faire du nouveau uniquement pour changer, c'est donner au hasard beaucoup plus qu'aux principes, et, lors même que le changement semble un progrès, on peut se demander à bon droit s'il est sérieux, on peut douter qu'il soit durable.

La mode se plaît aux contrastes; pour en produire

8

tout lui est bon, fût-ce même de s'abstenir de tout ornement dans tel objet qu'elle décorait la veille avec luxe. L'horlogerie en offre un exemple.

Tout le monde a vu ou même possédé quelqu'une de ces machines, monstrueuses quant à leurs dimensions, dont nos pères se chargeaient, sans crainte de plier sous le fardeau, et qu'on a comiquement baptisées du nom d'*oignons*. La science n'avait pas encore trouvé le moyen de réduire le volume des montres, et personne ne songeait à placer le luxe de cet objet dans ses dimensions microscopiques.

Les chroniques parlaient bien, il est vrai, de la montre de Charles V, de celle du duc d'Urbin et de celle de l'archevêque de Cantorbéry, qui étaient, l'une, grosse comme une amande, l'autre, enchâssée dans une bague, et la troisième, montée à la poignée d'une canne. Néanmoins, on s'inquiétait peu des chroniques, et on estimait surtout comme travail d'art une boîte guillochée, ciselée, repoussée, enrichie de pierreries, en un mot, ornée avec toute la recherche que comporte un bijou.

Malgré cela, c'était le beau temps de l'horlogerie, qui devenait une science exacte dans les mains de Graham, d'Harrisson, de Romilly, des Leroy, des Berthoud, des Lepaute et de Bréguet; mais alors les progrès de la science ne tuaient pas l'art comme maintenant.

Un jour pourtant, Lépine substitua les ponts à l'une des platines qui renferment le mouvement, diminua la hauteur des échappements, et la montre plate fut trouvée. Inutile d'ajouter qu'elle devint à la mode; rien là que de très-logique. Ce qui l'est moins, c'est l'exagération qui s'ensuivit; c'est que, non content de diminuer le mouvement lui-même, souvent au delà des limites raisonnables, on réduisit la boîte à une mince feuille de métal sur laquelle on se permit à peine quelques lignes de gravure en guise d'ornement, en proscrivant toute décoration susceptible d'en augmenter l'épaisseur, fût-ce d'un demi-millimètre. Les montres étaient des bijoux; la mode en fit de simples instruments de précision, où l'art fut presque annihilé.

L'inconstance, qui pousse l'homme à changer sans cesse, peut paraître heureuse, à certains points de vue, en ce qu'elle engendre quelquefois le progrès; mais ce n'est là qu'une compensation, toujours incertaine, aux inconvénients qu'elle entraîne, et la situation qu'elle fait à certaines spécialités est souvent difficile.

Ainsi la bijouterie, quoique industrie artistique au plus haut point, reste, comme partie du costume, soumise à des variations souvent peu motivées. Mais, en obéissant aux lois du beau, elle peut échapper à ce que cette position a de dangereux. L'art lui montre le progrès dans le développement normal de toutes les parties, sans nuire à l'unité de l'ensemble; il lui apprend à corriger le caprice par la règle, la fantaisie par les principes : comme prix de son influence acceptée et prépondérante, il lui promet le style.

ÉTOFFES POUR COSTUME.

Cette branche de l'industrie se présente avec tant de variété dans ses productions, tant d'hétérogénéité, dirai-je, qu'il est fort difficile d'y trouver matière à des observations générales. Je ne puis donc qu'être très-bref à son égard.

Si le goût de la parure est aussi développé aujourd'hui qu'à aucune autre époque, il se fait plutôt remarquer par la recherche des tissus de belle qualité, que par l'éclat des couleurs et la richesse du dessin. Aussi, dès qu'on examine les étoffes de prix, on remarque que l'uni et le ton sur ton dominent. Les dessins multicolores ne viennent qu'en troisième ligne. La valeur de la composition première se trouve singulièrement réduite dans le premier cas ; et, comme les qualités artistiques n'ont pas d'autre moyen de se développer dans une fabrication mécanique, l'art paraît n'avoir plus d'emploi dans ces productions. Cela peut être vrai, matériellement ; mais les causes qui font le beau ou le laid étant inséparables de son influence, il lui reste un pouvoir, en quelque sorte abstrait, qu'il exerce dans tous les cas.

Ainsi, une étoffe unie, à laquelle on ne peut demander ni dessin, ni couleur, ni ajustement de formes, ni richesse de nuances, est encore susceptible de certains effets qui se produiront lorsqu'elle sera employée. Je ne puis mieux le faire comprendre que par une comparaison.

Une étoffe qui se tient debout, — je demande grâce pour cette expression trop technique peut-être, mais qui peint l'idée qu'elle énonce, — une étoffe qui se tient debout est admirée, chez nous, comme un produit remarquable, tandis que les tissus d'Orient, en général, se distinguent par la recherche du moelleux et de la souplesse. Ces derniers se plissent gracieusement et se drapent avec élégance. Ils semblent faits pour habiller le corps, pour en faire valoir les mouvements et non pour les gêner. Les plus belles robes de nos dames, au contraire, ont souvent un aspect de raideur peu agréable. Les plis de leurs jupes, façonnés en tuyaux, semblent soutenus par des moules en carton, et font penser à une suite de gaînes placées à côté les unes des autres.

Tel est, en effet, le caractère de certains de nos produits les plus riches, qu'ils ne semblent pas propres à être portés. On en devrait faire des tentures, et non des vêtements. Mais que peut une critique, quelque juste qu'elle soit, devant l'argument captieux, il est vrai, mais puissant, de la prospérité. L'industrie des soieries se lève tout entière pour répondre par ses cent cinquante mille métiers et ses immenses exportations, plus de deux cents millions de francs ; et, comme on est trop porté à conclure au bien absolu de la supériorité relative, on admet volontiers que tout est pour le mieux dans la fabrication française.

Il est vrai que la France, sans doute pour ne pas mentir à sa réputation de nation légère et même un peu frivole, excelle dans les productions gracieuses, futiles et destinées à fournir des aliments à la coquetterie. Il est vrai que ni la fabrication assez considérable de la Russie, ni celle de l'Autriche, ni celle de la Sardaigne, ni même les concurrences plus redoutables de la Suisse et de l'Angleterre, n'arrêtent la prospérité toujours croissante de la soierie et de la rubanerie françaises, et ne font ombrage à la supériorité bien établie de Lyon et de Saint-Etienne. Mais ce qu'il faut reconnaître également, c'est que les productions de la Grèce, de l'Egypte et de Tunis réveillent les souvenirs artistiques dont ces pays sont si riches, c'est que les tissus de la Chine et de l'Inde sont d'une variété et d'une originalité telles, que nos artistes dessinateurs pourraient y puiser des leçons, s'ils ne préféraient trop souvent les copier.

La mode des étoffes peu éclatantes a pour effet de réduire considérablement le rôle de la couleur dans les productions multicolores. On emploie rarement des tons assez tranchés pour qu'il soit difficile d'atteindre l'harmonie, et la gamme en est restreinte. Le dessin suit à peu près la même marche : beaucoup de rayures, quelques bouquets généralement à teintes plates et des fleurs brochées dans un ton différent, ou, sur les produits plus riches, des broderies souvent

susceptibles de soutenir la comparaison avec les ouvrages presque inimitables de la Chine.

Si des étoffes précieuses on porte son attention sur
les objets d'une valeur moins élevée, on remarque
que le fabricant cherche à compenser, par l'abon-
dance de la décoration, ce que la matière première
a de commun. La teinture par impression le permet,
sans que pour cela le prix de la marchandise soit de
beaucoup augmenté. Néanmoins, ces objets ont rarement une valeur artistique réelle. Ce sont des semés
de fleurs, des feuillages courants, des rayures de plusieurs couleurs, et quelquefois de véritables extrava-
gances, comme des portraits, des vues, des batailles,
qu'on roule en cravates ou qu'on chiffonne en mou-
choirs. En général, ces produits n'obéissent qu'au
caprice du moment, interprété par la fantaisie de
chacun; il est donc impossible d'y trouver une tendance commune à louer ou à blâmer, et leur examen
ne peut être qu'une suite d'appréciations particulières à chaque exemple.

Je placerai ici quelques mots sur les châles, bien
que, à proprement parler, ils forment une catégorie
très-distincte de celle des étoffes. Mais quand il est
question de l'industrie française seule et de ses rapports avec l'art, la fabrication des châles ne peut fi-
gurer que pour mémoire. Comme produit artistique,
le châle français n'existe pas; l'objet qui porte ce
nom devrait s'appeler *contrefaçon mécanique du châle
de l'Inde.*

Que cherche en effet la fabrication française ?

Elle s'attache à reproduire l'ornement et la couleur des merveilleux ouvrages qu'elle prend pour modèles. Elle semble ignorer complétement ce qui constitue la véritable valeur d'un objet d'art et supposer que le même dessin reproduit sur un tissu plus fin, avec netteté et précision, peut égaler ces assemblages d'une régularité douteuse. Copie de l'Inde, enfin, est la suprême expression de ce qu'elle croit produire de mieux,

Dès qu'une industrie se reconnaît et s'avoue tributaire d'une production étrangère, à ce point que, sauf les procédés de fabrication, elle lui emprunte tout ; dès qu'il s'agit non pas même de l'imitation d'un ouvrage modifié avec plus ou moins d'intelligence, mais d'une copie textuelle, le rôle de l'art devient complétement nul dans cette industrie.

Mais cette marche est-elle raisonnable ?

Je ne saurais approuver la copie d'un produit étranger plus que celle des œuvres d'une autre époque, surtout lorsqu'il s'agit d'objets d'un caractère aussi tranché, aussi original que les productions de l'Inde, et qui soient à ce point identifiées avec le goût et les idées de ceux qui les composent. La valeur artistique du châle de l'Inde est incontestable et, je crois, peu contestée ; mais, si l'on avait employé à la recherche d'un produit différent autant de forces qu'on en a dépensé pour atteindre à la perfection de la copie, on serait arrivé, — on peut du moins le supposer, — à la création d'une œuvre toute particulière et vraiment française.

L'industrie en a jugé différemment; elle s'est ainsi condamnée d'elle-même à rester au second rang.

DENTELLES.

Je termine cet aperçu par quelques mots sur un produit éminemment français, sinon par droit de naissance, au moins par droit de conquête.

C'est en effet d'abord en Flandre, puis en Italie, à Venise et à Gênes, que furent fabriquées les premières dentelles. Jusqu'au dix-septième siècle, la France fut tributaire de l'étranger, dont les produits étaient de beaucoup supérieurs à ses premiers essais. Mais, sous l'administration de Colbert, la fabrication de la dentelle fut si bien encouragée, et ses progrès furent si rapides, qu'elle ne tarda pas à soutenir honorablement la concurrence de l'industrie étrangère. Aujourd'hui, malgré la supériorité considérable, sous le rapport de la quantité, de la production belge, la France n'a pas dégénéré. Le point d'Alençon témoigne encore du rang que ses produits ont conquis par les soins du ministre de Louis XIV; la valencienne et la dentelle de Lille, quoique fabriquées en grande partie à Ypres, à Bruxelles et à Coutray, portent des noms qui rappellent leur origine. Cette dernière, d'ailleurs, n'a pas complétement émigré, et ce sont encore nos manufactures qui produisent les ouvrages les plus remarquables dans cette catégorie.

La fabrication moderne est restée dans la voie où elle est entrée au dix-septième siècle, c'est-à-dire qu'elle a continué à chercher, surtout dans ses produits, la finesse, la souplesse et la légèreté. Aux commencements de cette industrie, la bissette, la gueuse et la campane étaient des tissus en fil plus solides qu'élégants. La guipure, qui vint ensuite, ressemblait assez, quant au dessin, à la guipure moderne ; mais la soie, l'argent et l'or étaient les matières dont elle était formée. Le point de Venise et le point de Gênes lui succédèrent pour se voir, à leur tour, remplacés par les produits d'Anvers et de Bruxelles.

Il y a maintenant cinq catégories principales de dentelles en fil fabriquées à la main. C'est un de ces cas rares et heureux où l'industrie échappe à la mécanique.

Ces cinq catégories sont :

Le point d'Alençon ; c'est le point de France, c'est la dentelle que nous devons à Colbert. Elle se fait à l'aiguille.

Le point d'Angleterre qu'on appelle encore, moins souvent, mais plus justement, point de Bruxelles. A l'instar de la France, l'Angleterre eut un moment l'intention d'encourager la fabrication de la dentelle et d'en faire une industrie anglaise. Pour y parvenir,

elle voulut attirer chez elle les ouvrières de la Flandre.
Elle n'y réussit pas; mais, à la même époque, une
quantité considérable de marchandises fut achetée à
l'étranger par ses agents, importée et revendue sous
le nom de point d'Angleterre. Telle est l'origine de
cette dénomination trompeuse, car le produit qu'elle
désigne n'a jamais été fabriqué que sur le continent.
Le point d'Angleterre est l'œuvre de deux classes
d'ouvrières; les premières brodent l'ornement, les
autres tissent le fond; on applique ensuite l'un sur
l'autre. Lorsque le fond est fait à la mécanique, la
dentelle prend le nom d'application d'Angleterre.

La dentelle de Malines ou broderie de Malines. Ce
deuxième nom lui vient de ce que les fleurs sont en-
tourées et en quelque sorte mises en relief par un fil
qui est comme le trait apparent du dessin. Elle est
fabriquée au fuseau, fond et fleurs ensemble.

La valencienne, également faite au fuseau et d'un
seul coup.

Enfin la dentelle de Lille, dont la fabrication est
semblable à la précédente, mais sans atteindre la
même solidité.

Tels sont les produits supérieurs de cette industrie.
Il en est beaucoup d'autres qui, de même, tirent leurs
noms des localités où on les fabrique; mais il est inutile d'insister.

Si remarquables et véritablement artistiques que
fussent les tissus connus sous le nom de guipure, de
point de Gênes et de point de Venise, il faut le recon-

naître, le jour où la dentelle sut allier la souplesse à la solidité du réseau, elle entra de plain-pied dans le caractère qui lui convient avant tout. Néanmoins on peut regretter que la fabrication moderne ait aussi complétement détrôné ses devancières. Je ne crois pas, en effet, qu'il y eût de comparaison possible, partant de rivalité nécessaire entre elles. D'un côté l'ampleur, la grande tournure, le style ; de l'autre, la grâce, la légèreté, l'élégance ; cela semble indiquer pour chacune la possibilité d'un emploi particulier. Mais autant par l'influence de la mode que par leurs qualités réelles, les produits d'Anvers et de Bruxelles l'ont emporté ; et ces premières dentelles souples et légères sont demeurées les types auprès desquels s'inspire encore la fabrication moderne.

Le caractère du dessin seul est susceptible de modifications dans cette industrie, et c'est par les formes qu'affecte l'ornement que ses produits sont capables d'analogie avec les beaux-arts. La guipure, au moyen de nervures bien apparentes, reproduisit des enchevêtrements de lignes assez semblables à certaines décorations en usage lorsqu'elle parut, soit sur les monuments, soit sur les pièces d'orfévrerie. La dentelle légère eut d'autres formes, mais en général analogues aux ornements employés dans les arts ; ceci toutefois non sans restriction, car on ne peut nier qu'il existe une très-grande diversité de composition dans tous ces objets.

Aujourdhui, cette diversité est plus apparente que

jamais, parce que, dans cette industrie comme partout, on cherche plus à reproduire le goût des époques
passées qu'à dégager celui du temps présent. Si la
dentelle échappe plus facilement qu'une autre branche par ses procédés de fabrication, à cette influence,
elle ne s'y soustrait pas complétement. Certaines pièces prouvent que la mode de Louis XV a pénétré jus-
que-là ; le caractère de l'ornement en fait foi.

Sans doute ces questions ne sont pas de première
importance ici ; sans doute le dessin devient bien peu
apparent quand ces flots légers, disposés avec art, s'en-
tremêlent gracieusement aux étoffes ; néanmoins, il
n'est jamais sans intérêt de voir les détails, même les
plus cachés, obéir aux lois d'un goût pur et éclairé.

La nécessité de rester dans les limites d'un mémoire a restreint l'étude qui précède à des généralités
sur chacune des branches que j'ai cru devoir aborder.
Le détail, d'ailleurs, n'est que l'appréciation critique
des produits pris isolément ; il n'avait pas place ici.
Je ne pouvais que m'attacher aux points saillants de
chaque spécialité ; je l'ai essayé.

Or, malgré les reproches nombreux que j'ai adres-
sés à nos productions nationales, il reste toujours ce
fait incontestable, de l'aveu même des nations étrangères, la France tient le premier rang dans tous les
travaux où une riche composition, des formes gracieuses, une exécution recherchée sont les qualités

principales des produits. C'est qu'en effet les ouvrages de l'industrie française, même avec leurs défauts, ont comme un parfum de distinction, une certaine élégance native qui, tout en n'étant pas le beau artistique réel, charment et séduisent. Bien qu'ils témoignent rarement de l'influence directe et en quelque sorte matérielle de l'art, ils subissent son influence morale, abstraite, dans presque tous les cas.

Cet état peut suffire aux désirs et au sentiment de l'acheteur ordinaire; mais, à coup sûr, il ne satisfait pas le goût et la raison de l'artiste. Donc, après avoir étudié la situation dans le fait et dans la cause, il reste à indiquer les moyens de faire naître les qualités artistiques où elles manquent, de les développer où elles existent en germe, de les conserver où elles brillent; c'est-à-dire, pour tout exprimer en un mot, de replacer l'industrie sous la domination absolue de l'art.

Je rappelle ici ce que j'ai dit plus haut, parce que le principe que je pose en est la conséquence logique.

Le public domine la situation par ses opinions tranchantes et son ignorance artistique. Le fabricant se fait le serviteur complaisant des fantaisies du public par esprit mercantile, et souvent les excite par sa propre ignorance. L'artiste industriel obéit la plupart du temps au fabricant, car sa soumission est la condition forcée de son travail, eût-il des connaissances assez étendues et un talent assez réel pour donner l'impulsion au lieu de la recevoir.

Combattre les idées erronées du public et en même temps ses habitudes pédagogiques que rien ne justifie, en faire un appréciateur éclairé au lieu d'un acheteur capricieux, remplacer par le goût, le sentiment et la raison, l'instinct qui le guide bien ou mal et souvent l'égare, là est la solution de la question. En d'autres termes, c'est en créant une instruction artistique pour tous qu'on peut rendre à l'art la puissance qui lui appartient légitimement.

En effet, la nécessité d'une instruction spéciale et plus complète pour l'artiste industriel ne serait que la conséquence forcée du développement donné aux connaissances artistiques en général. Le producteur doit savoir et pouvoir plus que le consommateur. D'un autre côté, en admettant que le fabricant se soucie peu de la mission qu'il pourrait remplir conjointement avec l'artiste, s'il voulait l'accepter, — celle de concourir au développement des qualités morales de la société par l'influence du beau, — le soin de ses intérêts voudrait toujours qu'il se tînt à la hauteur de ceux auxquels il sert d'intermédiaire. Participant d'ailleurs à l'instruction donnée à tous, il dépouillerait lui-même mainte idée fausse qui le domine aujourd'hui.

C'est donc à la généralité qu'il faut, avant tout, s'adresser. Je vais, du reste, rendre ceci plus évident en disant ce qui est et ce qui devrait être.

Le principe sur lequel est basée l'instruction en

France est celui-ci : donner à la jeunesse des notions générales susceptibles d'ouvrir à chacun la porte par laquelle il doit passer pour se vouer à une spécialité. L'étude des langues et la littérature, l'histoire ancienne et moderne, la géographie, la philosophie, les sciences mathématiques et physiques, l'histoire naturelle, tels sont, en quelques mots, les sujets qu'effleure, avant vingt ans, quiconque reçoit ce qu'on est convenu d'appeler une instruction classique complète.

Or, quelle part est faite à l'art, au milieu de toutes ces connaissances ?

Dans les cours d'histoire, l'étude de chaque période déterminée comprend, suivant les programmes ordinaires, outre la relation des faits, des notions sommaires sur les lettres, les sciences et les arts pendant sa durée. Ces notions, quant à ce qui est des beaux-arts, sont tellement sommaires, en effet, qu'elles se bornent généralement à l'énumération des grands noms qui ont illustré ces époques, ou, tout au moins, ont marqué leur passage par des œuvres bonnes ou mauvaises, mais considérables.

Quand on a nommé, en fait d'architectes : Blondel, Mansard, Perrault et Le Nôtre; en fait de sculpteurs : Puget, Girardon et Coysevox; en fait de peintres : Lesueur. le Poussin, Lebrun, Mignard et Jouvenet, l'histoire des beaux-arts, sous le règne de Louis XIV, est traitée.

Est-ce suffisant?

Non, car si l'on en fait d'abord autant pour la littérature et les sciences, le moment vient où, non content d'avoir nommé Boileau, Molière et J.-B. Rousseau, on explique ce qu'est la poésie didactique, dramatique et lyrique ; où, quand l'histoire a parlé à son heure de Platon et d'Antisthène, la philosophie fait connaître l'Académie et le cynisme ; enfin, où, après avoir mentionné, en passant, Galilée, Franklin et Montgolfier, la pesanteur, la foudre et les aérostats ont leur tour.

Quelque insuffisantes que soient certaines de ces notions, si élémentaires que soient quelques-uns et même la plupart des cours spéciaux où on les donne, celui qui a bien voulu écouter, et qui a su garder en mémoire ce qu'on lui a appris, celui-là sait à peu près l'indispensable.

En fait d'art, il n'en est plus ainsi.

L'instruction publique est complétement muette sur ce point, tellement muette qu'il serait impossible de trouver dans le monde un homme capable de comprendre l'art, de l'apprécier, d'en parler avec intelligence, si l'envie d'en connaître les beautés, quelque tendance innée vers les œuvres d'imagination, le sentiment instinctif de la grandeur des créations du génie, n'engageaient ceux qui sont ainsi doués à chercher eux-mêmes ce qu'on n'a pas su leur apprendre. Il n'est pas d'instruction artistique, quelle qu'en soit la valeur, qui ne soit une conquête de celui qui la possède.

Est-il d'ailleurs, en France, un seul livre qui traite

de l'art au point de vue de l'éducation de tous? Non. On n'a rien fait encore pour cette éducation, bien qu'il y ait lieu de ne pas la négliger ainsi. Ils sont rares, en effet, les hommes qui consentent à approfondir, réduits à leurs propres forces, un sujet dont on n'a pas traité pour eux-mêmes les plus simples éléments; ils sont rares parce qu'il leur faut pour cela des qualités particulières. Il en résulte que la majorité étant ignorante au suprême degré, entre elle et les artistes la distance est immense, et la scission inévitable, car ils ne s'entendent plus. Le public ne comprend pas l'œuvre; l'artiste le sait et dédaigne le public. Que penser de tels rapports entre celui qui produit et ceux pour lesquels il produit.

Donc tout est à faire.

Il faudrait d'abord apprendre à la jeunesse que les beaux-arts sont la plus haute expression des tendances morales des peuples; lui faire voir qu'ils sont liés sans cesse à leur civilisation, à leurs mœurs, à leur religion, à leur constitution, à leurs goûts; lui dire les rapports qui existent entre leurs transformations et les grandes révolutions sociales, entre les différents styles et les pensées dominantes des époques auxquelles ces styles appartiennent; enfin lui expliquer que ces styles eux-mêmes ne sont ni des caprices d'un moment, ni des fantaisies d'artistes, mais des conséquences naturelles de la marche de l'esprit humain et des événements.

Est-ce aborder des connaissances trop spéciales?

Moins spéciales, à coup sûr, que celles enseignées dans les cours de physique, de chimie et d'histoire naturelle, parties intégrantes de l'instruction donnée dans les colléges.

Est-ce entrer plus qu'il ne convient pour de jeunes intelligences dans le domaine de la spéculation?

Mais Bacon, Descartes, Spinosa, Mallebranche, Leibnitz, Condillac, dont on explique les principes, dont on développe les systèmes, ne me semblent pas fournir un sujet d'études moins élevées que celles dont je veux faire comprendre l'utilité.

C'est seulement ce que tout homme doué de quelque instruction devrait savoir, et ce que la plupart ignorent. C'est ce que Rollin appelle l'âme de l'histoire.

Ces premiers principes donneraient le bon sens et non le bon goût. Le goût ne peut se développer que par le contact du beau. Aussi ne suffit-il pas d'éveiller le désir de l'étudier, de le connaître; il faut encore apprendre à le regarder avec intelligence partout où il se trouve : dans les monuments, dans les chefs-d'œuvre des maîtres dont abondent nos musées et dans toutes les productions qui sont soumises à l'influence de l'art.

Le beau résulte de l'observation de certaines lois qui sont toutes susceptibles d'être formulées et commentées. L'unité, l'ordre, l'harmonie, la simplicité, la variété sont autant d'expressions dont l'artiste comprend instinctivement la portée; mais il est rare que le public en connaisse le sens exact; il est rare qu'il en apprécie la valeur absolue et la valeur relative; il est rare surtout qu'il puisse découvrir avec certitude la présence ou l'absence de ces qualités dans l'œuvre qui appelle son attention. Ces voiles sont à soulever, ces horizons sont à ouvrir devant son intelligence, et l'histoire morale de l'art doit se compléter par des notions d'esthétique.

La nécessité des connaissances littéraires n'étant mise en doute par personne, pourquoi la lacune que laisse dans l'instruction l'absence de tout enseignement artistique ne serait-elle pas comblée? Pourquoi continuerait-on à donner les règles d'un art, — car la littérature n'est ni plus, ni moins, — à l'exclusion de tout autre, quand il n'est pas douteux que, dégagés des conditions qui font leur caractère spécial, tous viennent se confondre dans les mêmes principes?

D'ailleurs, en fait d'art, ce n'est pas la sympathie qui manque en France, mais le discernement. Le germe existe; il ne s'agit que de le faire fructifier, en créant pour le public, je le répète, une instruction qui lui donne les moyens de jouer son rôle de spectateur avec intelligence, une instruction basée sur ses besoins qui ne sont pas ceux de l'artiste.

Je viens d'en indiquer la partie théorique; elle manque tout à fait, elle est donc à organiser complétement. Il faut maintenant aborder le côté pratique; celui-ci existe, mais doit être modifié.

_ Le dessin est enseigné à la jeunesse dans toutes les

maisons d'éducation, mais comme accessoire. C'est une étude en dehors des travaux ordinaires. Pourquoi n'en fait-on pas une obligation ? On juge de cet enseignement par ce qu'on en voit, et l'on suppose qu'il ne peut être donné qu'à des individus doués de dispositions particulières, ce qu'on nomme une vocation. Cela est faux. Si quelques-uns seulement peuvent réussir, tous peuvent essayer. On croit encore que rien n'est plus pernicieux qu'un commencement de savoir, quand ce commencement n'a pas de suite; on croit qu'il engendre le pédantisme et la vanité bien plus souvent qu'il n'apprend la modestie. C'est possible quelquefois; mais si l'instruction est dosée et distribuée avec intelligence, cela n'est plus à craindre. Appréciations justes de la part de quelques-uns, raisonnées de la part du plus grand nombre, respectueuses de la part de tous, voilà ce qu'on peut arriver à produire.

Le dessin, tel que j'en conçois l'enseignement pour la généralité, n'aurait qu'un but : venir en aide à l'instruction théorique dont il vient d'être question. Je n'ai jamais compris ce qu'on se propose, si tant est qu'on se propose quelque chose, quand on fait consister l'étude du dessin, pour un jeune homme destiné peut-être aux sciences, peut-être au commerce ou à toute autre profession anti-artistique qu'on voudra citer, dans la copie de têtes ou de figures complètes, tantôt composées pour servir de modèles, tantôt détachées d'un ensemble, c'est-à-dire privées de ce qui les explique et souvent les fait valoir. Je n'ai jamais compris ce qu'on espère obtenir en laissant un élève pendant de nombreuses années vis-à-vis d'œuvres d'une valeur quelquefois discutable, en les lui faisant tracer et retracer, modeler et ombrer; je ne sache pas enfin que ce système ait jamais abouti au plus léger résultat.

A quoi bon d'ailleurs l'habileté de la main, en admettant, ce qui est douteux, qu'on puisse l'acquérir par ce moyen dès qu'on n'est pas appelé à s'en servir? Si tout le monde doit aborder l'étude du dessin, ce n'est pas pour savoir manier un crayon, c'est pour aider l'œil à voir juste et l'intelligence à comprendre; ce n'est pas pour être capable de créer des ouvrages ou de reproduire ceux d'autrui, c'est pour être en état de les goûter.

Il s'agit donc de substituer à l'apprentissage manuel, tel qu'il existe généralement, un enseignement purement intellectuel. La solution de cette question réside dans la nature des modèles à présenter aux élèves, dans l'usage qui doit en être fait et dans les leçons auxquelles ils doivent donner lieu.

Les modèles devraient être des ensembles complets, des compositions entières, exclusivement choisis dans les œuvres des maîtres. Des réductions, où les figures ne dépasseraient pas quinze centimètres de hauteur, seraient suffisantes. Les auteurs auxquels on s'adresserait s'appellent Poussin, Lesueur, Raphaël, Rubens et autres qu'il est inutile de nommer. Les œuvres sont aux musées, et parmi celles-là il n'est pas besoin de choisir. Quant au moyen de multiplier ces modèles à l'infini, et en même temps — ce qui est indispensable — de les produire à bon marché, nous l'avons entre les mains, exact comme il n'en est pas, donnant l'œuvre du maître et pas autre chose ; j'ai nommé la photographie.

Ne semble-t-il pas que la science ait fait cette découverte tout exprès pour étendre le domaine de l'art en multipliant et en répandant les plus belles productions du génie ? Car, c'est au moment même où cette multiplication et cette diffusion sont surtout nécessaires qu'a surgi complète l'invention qui résout le problème. Mais, je l'ai dit ailleurs, il faut que l'artiste s'empare des découvertes scientifiques pour les diriger, quand elles peuvent exercer une influence sur l'art. Lui seul peut en régler la marche, et c'est le cas de l'essayer.

Je sais que la prétention de donner comme modèle à un élève, dès que quelques exercices préparatoires auraient rompu chez lui la raideur des doigts, la transfiguration de Raphaël ou la descente de croix de Rubens, paraît, au premier abord, extravagante ; mais elle peut se justifier par l'usage qu'on ferait de ce modèle.

J'admets que, bien qu'on dût évidemment passer toujours du simple au composé, la copie d'un ouvrage un peu important présenterait de graves difficultés dans tous les cas et serait impossible à un bon nombre ; mais quel est le but ? C'est avant tout de mettre l'élève en contact avec les belles productions artistiques pour former son goût. Il faudrait donc user du moyen le plus simple, le plus naïf, pour rendre ces exercices accessibles à l'œil le moins clairvoyant et à la main la plus maladroite. Ce moyen, c'est le calque.

Je ne fais pas du calque une règle générale. Il est évident que si l'élève peut devenir assez habile pour copier et même pour accuser les ombres et les lumières, indiquer les plans, il faut l'encourager dans ces dispositions, en lui imposant toutefois un travail sobre et d'une grande simplicité. Le calque serait, suivant les cas, ou une simplification pour le début, ou la planche de salut des incapacités notoires. De sorte que, tout en relevant l'étude spéculative de l'art, on en réduirait la partie matérielle à sa plus simple expression, et, tel homme, qui n'eût sans cela jamais touché un crayon, arriverait à connaître les œuvres des grands maîtres, quelle que fût son inhabileté, assez complétement pour recevoir avec fruit les leçons qui accompagneraient ce travail.

Là est le point important.

— En effet, il va sans dire que, dans ce système, le rôle du maître ne se borne pas à corriger la forme quand l'élève s'en écarte, à remettre une figure d'aplomb et un muscle à sa place. Si importants que soient ces détails, il y a autre chose à enseigner quand on ne veut que faire des amateurs intelligents. Les qualités du modèle comme composition et comme exécution, comme ensemble et comme détail, le dessin, la couleur, le rapport des parties au tout et des parties entre elles, la valeur relative et la valeur absolue de chaque chose, l'idée poétique du sujet et le sentiment poétique de la traduction, enfin les tendances de chaque école, leurs points de contact et leurs différences, voilà ce que le maître doit développer et faire comprendre à chaque leçon et devant chaque modèle.

C'est en cela que l'enseignement de l'enfance est digne des artistes même les plus éminents, car il y a beaucoup à faire de ce côté; il y a d'immenses services à rendre à la cause de l'art, puisqu'il s'agit d'en divulguer à tous la puissance et la beauté.

Et maintenant, je le demande, si les quelques heures que l'on consacre chaque semaine, pendant six ou huit ans, dans toutes les maisons d'éducation, à copier et recopier les modèles que tout le monde connaît, étaient employées à des études telles que je les indique, n'est-il pas évident qu'un tout autre résultat en serait la conséquence? N'est-il pas évident que, pendant ce laps de temps, cent cinquante ou deux cents œuvres remarquables, mises sous les yeux de l'élève et commentées avec soin par le professeur, aideraient puissamment au développement de son sentiment artistique? Oh ! sans doute, ce n'est pas ainsi qu'on ferait des dessinateurs; mais cela importe peu, pourvu qu'on fasse des appréciateurs éclairés et instruits. L'enfant destiné à devenir ar-

tiste un jour n'y perdrait rien; celui qui devrait rester spectateur y gagnerait beaucoup, car un tel système n'étoufferait pas une vocation véritable et réduirait à sa valeur une vocation fausse : la connaissance des difficultés fait reculer ceux qui n'ont pas la
foi, mais ceux-là seuls.

Tel est, en peu de mots, l'enseignement pratique
qui pourrait compléter la théorie dont j'ai parlé plus
haut. Sous l'influence de ces deux études simulta-
nées, le savoir en fait d'art tendrait à devenir ce
qu'il est partout dans les lettres et dans les sciences;
toutes les productions artistiques y gagneraient d'ê-
tre appréciées à leur juste valeur; la mode enfin serait le résultat du bon goût et non pas du caprice.

L'extension donnée à l'instruction artistique en général, ai-je dit, entraînerait la nécessité de créer une
instruction spéciale pour les artistes industriels. J'ai
dit trop. Elle ne ferait que rendre plus indispensable
cette nécessité qui existe déjà.

On compte en France un grand nombre d'établissements fondés dans le but de répandre les connaissances premières, préliminaires obligés des études
industrielles. On y trouve à la fois les écoles supérieures où on fait des savants, et les écoles secondaires où l'on forme des ouvriers. Dans beaucoup de
cas, la pratique marche de pair avec la théorie, et
les travaux manuels s'allient aux travaux de l'intelligence. Mais partout les études scientifiques ont une

prédominance marquée sur les études artistiques, et les cours gratuits de dessin professés, tant à Paris que dans la plupart des grandes villes, sont loin de répondre au besoin que je signale.

Beaucoup d'artistes qui travaillent pour l'industrie sentent cette lacune et s'en plaignent. Chacun est obligé de s'instruire où il peut. Les élèves, au lieu de commencer par acquérir des connaissances larges et générales qui les rendent propres à aborder toute espèce de composition, se livrent, dès l'origine, à une spécialité sous la direction d'un maître particulier. Souvent celui-ci, homme de routine plutôt que d'imagination, ne sait pas baser ses leçons sur des principes et se contente d'initier ses disciples à des procédés; d'où il résulte plus de machines que d'artistes.

Les hommes de talent, partout où il en existe, — et il serait injuste de ne pas reconnaître qu'il en existe dans chaque partie, — ont dû se former eux-mêmes. Mais ils suivent leur route isolément; ils ne se connaissent pas et n'ont aucun point de contact. Ce n'est certes pas en continuant à marcher dans cette voie qu'on ramènera l'unité entre toutes les branches de l'industrie. Et pourtant c'est là aujourd'hui une nécessité évidente. Une instruction commune comme point de départ aurait d'autres résultats. Que devrait-elle être? Je vais le dire en quelques mots:

Les connaissances premières que je crois utiles à tous, sont évidemment la base de l'éducation d'un

artiste. Elles renferment les raisons et les causes de ce
qui a été. Elles disent comment ce qui a été a changé,
et pourquoi ce qui a changé ne peut plus être. Celui
qui les possède sait qu'une œuvre d'art est l'expression d'une idée, et que la forme n'est pas un jeu de
l'imagination, mais le moyen de traduire cette idée.
Il sait qu'il doit regarder les travaux des maîtres
comme un orateur lit Cicéron, comme un poëte
Homère, pour apprendre par analogie et non pour
copier. Il n'ignore plus que rajeunir le passé pour
l'adapter au présent est le fait de l'erreur, car il comprend l'absurdité de ces anachronismes. Il sent enfin
que l'artiste doit puiser ses inspirations en lui-même
et ses modèles dans la nature.

Mais, pour arriver là, il faut une étude spéciale. Les
notions suffisantes à celui qui regarde pour comprendre, apprécier et jouir, ne sont qu'une partie des connaissances indispensables à celui qui doit créer.
D'ailleurs, beaucoup d'ouvriers élevés au rang d'artiste par une aptitude particulière n'ont pas eu les
avantages d'une éducation première complète. Il y a
dès lors, dans ce que j'indique, le sujet de leçons du
plus haut intérêt; il y a la matière d'un cours de théorie, ou, si l'on veut, d'histoire philosophique de l'art
à professer dans toutes les écoles industrielles publiques ou privées.

Il faut le reconnaître, ce qui précède constitue en
quelque sorte une théorie négative. Cette théorie met
surtout en garde contre les idées fausses. Loin d'apla-

nir les difficultés de la pratique, elle les augmente.
C'est qu'en fait d'art, s'il est facile d'enseigner ce
qu'il faut fuir, il est malaisé de dire absolument ce
qu'il faut faire. D'ailleurs, là où le sentiment a tant
de part, l'important est surtout de prévenir les écarts;
l'imagination de l'artiste doit faire le reste.

En effet, je le disais tout à l'heure, composer c'est
exprimer une idée au moyen d'une forme. La théorie
dira quelle nature d'idées peut servir de base à une
composition artistique, et quelle autre échappe à
toute interprétation semblable; mais elle ne saurait
en faire naître et remplacer la pauvreté par la richesse. Elle enseignera les liens qui doivent unir la
forme à l'idée et tracera quelques règles générales
pour faire connaître les moyens de traduire avec la
main ce que l'intelligence invente; mais elle s'arrê-
tera devant les cas particuliers où le talent propre à
l'artiste peut seul lui faire trouver ce qui convient le
mieux à sa création.

La théorie aurait donc pour effet principal, pour
seul effet peut-être, d'apprendre à penser juste. C'est
beaucoup! Analyse des œuvres du passé qu'elle étu-
dierait non-seulement en elles-mêmes, mais dans leurs
rapports avec les principes dont elles dépendent, elle
serait dans l'éducation des artistes ce que j'appellerai
une application de la méthode expérimentale.

Aux préceptes qui dirigent la pensée, il faut joindre des leçons pour former la main.

Les produits de l'industrie dénotent généralement

de la part des artistes qui les ont composés une facilité de dessin singulière. Cette facilité mal dirigée amène souvent le mal. La main pleine de souplesse et d'habileté reproduit aisément des formes dont la mémoire a gardé le souvenir ; et comme tous les exemples possibles ont souvent servi de point de départ, il en résulté des ouvrages composés de réminiscences diverses quand ils ne sont pas de véritables reproductions.

Néanmoins, l'habileté manuelle est une qualité précieuse et qu'il faut rechercher. Mais, de ce côté, on sait à quoi s'en tenir. L'importance du modèle vivant est reconnue partout ; le dessin d'après les animaux et les fleurs est d'un usage général ; il n'y a rien à changer à ces premiers principes ; il faut les conserver.

— Je vois, au contraire, beaucoup à faire quant à ce qui concerne le dessin d'ornement. Cette partie des études consiste ordinairement à copier des détails exécutés ou composés par un professeur pour servir de modèles. C'est trop réduire le côté le plus important peut-être des travaux d'un élève appelé à composer un jour pour l'industrie.

Tout le monde connait le fait de Callimachus, trouvant dans les jets capricieux d'une plante d'acanthe le type du chapiteau corinthien ? Est-ce de l'histoire ? est-ce une fable ? Peu importe, car, dirais-je, *se non è vero, è ben trovato.* J'y vois en effet l'origine du principe sur lequel on doit baser l'étude du dessin d'ornement.

Je voudrais avant tout qu'on ne fît aborder à un élève cette partie du dessin que lorsqu'il aurait déjà acquis une certaine adresse à reproduire des objets naturels. L'ornement n'est qu'une conséquence dont l'objet naturel est le principe. Le plus simple bon sens dit de commencer par le principe.

Je voudrais, en second lieu, qu'on présentât d'abord, comme modèles, des ouvrages exécutés, mais en mettant en comparaison les objets qui ont servi de types aux artistes quand ils ont composé ces ouvrages, et, comme souvent les mêmes types ont été interprétés de plusieurs manières, suivant le sentiment des époques, en montrant les différences qui distinguent les compositions de chaque temps.

J'explique ma pensée par un exemple.

Entre la fleur de lis telle que la plante nous la donne et son imitation dans certaines décorations, il y a toute une métamorphose; et lorsqu'on compare la manière dont l'objet primitif a été interprété par deux styles bien distincts, le moyen âge et la renaissance, l'influence du goût de chaque époque y est sensible et facile à saisir.

Autre exemple :

La tête de lion, ainsi que les Grecs l'ont comprise quand ils en ont fait un ornement, est bien la ressemblance du roi des animaux, mais non pas comme l'entendrait un naturaliste. L'artiste en a fait une abstraction.

L'élève copierait et l'objet naturel et chacune des interprétations qui l'auraient transformé en le douant d'un caractère particulier. Le maître multiplierait ces exemples en les expliquant et en développant leurs conséquences. Il enseignerait ainsi, que l'on peut toujours trouver autour de soi une mine inépuisable de formes typiques à interpréter, sans emprunter à ses devanciers ; puis, comment cette interprétation a lieu, comment l'art transforme et en même temps idéalise des objets quelquefois vulgaires par eux-mêmes.

A ces leçons, prolongées autant que l'intelligence plus ou moins prompte de chacun le rendrait utile, d'autres devraient succéder. Le problème explique la nécessité du théorème ; l'exemple vient après la démonstration ; de même, les leçons suivantes consisteraient en exercices, compléments nécessaires des premières études.

Je voudrais alors que les modèles à copier disparussent entièrement, pour faire place aux types à interpréter. Il ne s'agirait plus de reproduire textuellement, mais d'utiliser au profit de l'application le savoir acquis. Que le type soit une plante, une fleur, un animal ou un objet créé par l'homme, il ne serait plus offert comme un modèle de dessin, comme un simple exercice pour la main ; il représenterait un sujet, une forme première que l'élève devrait transformer et douer des qualités apparentes ou abstraites qui constituent une œuvre d'art.

On le voit, dans cette seconde partie que j'appelle pratique, comme dans celle que j'ai nommée théorie, faute de trouver des termes plus justes, ma principale préoccupation est de parler à l'intelligence de celui qui étudie. Peu m'importe, en effet, un apprentissage machinal du dessin où il peut acquérir, où il acquiert généralement une grande adresse ! La gamme est le commencement forcé de toute éducation en musique; s'ensuit-il qu'elle fasse un musicien ?

Je prends l'artiste habile déjà, et je regarde alors comme important avant tout de lui apprendre à penser en composant. Je veux, qu'en lui enseignant les rapports des styles avec les tendances morales des époques où ils existèrent, on lui découvre les moyens employés par les Callimachus de tous les siècles pour approprier à l'art des formes dues souvent au hasard, et qu'après lui avoir montré comment on a créé avant lui, on le fasse créer à son tour.

Ce système, motivé par l'état actuel de l'industrie artistique, par conséquent fondé sur une nécessité particulière et momentanée, peut néanmoins être considéré comme absolu et universel. Il tue l'imitation en développant l'originalité; mais il fait plus, il relie, par un même point de départ, par une communauté de pensée, toutes les industries en les soumettant à une direction unique.

Car je considère ces exercices comme le fondement nécessaire de l'instruction, à quelque branche que se destine l'individu. L'arithmétique et la géométrie sont les premières sciences qu'aborde un apprenti mathématicien. Sera-t-il marin, ingénieur, astronome, géographe, à quoi bon s'en occuper ? Il étudie d'abord les principes. Peu importe également que l'artiste industriel soit appelé dans l'avenir à composer des meubles, des bijoux ou des étoffes ; il ne s'agit ici que de généralités. Une instruction spéciale et particulière à chaque industrie doit succéder, lorsqu'il en est temps, à ces études communes à toutes les branches.

Quelques mots pour compléter ce qui précède.

Dans toute composition, à côté, ou pour mieux dire au-dessus des qualités de détail, il faut mettre les qualités d'ensemble. Ces dernières manquent encore plus souvent que les autres dans les productions industrielles. Il n'est pas rare de voir des parties agréables et bien traitées renfermées dans des masses mal distribuées, sans caractère et sans aspect. Les principes que je viens de poser sont peu puissants pour corriger ce défaut ; peut-être même, à certain point de vue, pourrait-on les accuser d'augmenter le danger. L'artiste, en étudiant avec amour un ornement qu'il vient d'inventer, peut s'oublier et négliger plus que jamais l'ensemble de son œuvre. Mais je laisse le possible et me tiens au certain ; le mal existe déjà.

Comment en serait-il autrement ?

Aujourd'hui, je parle du cas le plus commun et non des exceptions, aujourd'hui quiconque doit travailler pour l'industrie est de suite initié aux procédés d'une partie à laquelle il s'adonne souvent sans raison déterminante. Il connaît sur-le-champ les moyens et les systèmes de composition en usage dans cette spécialité. A moins qu'il ne soit doué d'un de ces esprits novateurs qui savent s'affranchir du joug des préjugés, il continue fatalement les erreurs de ses devanciers qui sont ses maîtres. En un mot, aujourd'hui, au lieu de faire des artistes on fait des artisans. Cela est surtout sensible lorsqu'on compare les produits actuels à ceux du temps où Jules Romain ne dédaignait pas de composer des sujets de tapisserie, et où l'orfévrerie n'existait que comme une partie détachée de la statuaire.

Cette comparaison est peut-être un enseignement. Les produits de l'industrie auraient plus certainement les qualités d'ensemble, les justes proportions, l'aspect monumental, si l'on veut me permettre ici ce dernier mot, si ceux qui les composent se livraient à l'étude d'un des arts du dessin, non peut-être aussi complétement que s'ils devaient être architectes, sculpteurs ou peintres, mais assez pour y puiser le sentiment du style et des grandes compositions.

Je finis.

Les idées que je viens d'émettre sont des modifications aux tendances actuelles, importantes dans le fond, mais légères dans la forme, et par conséquent faciles à mettre en pratique. Ce sont là, je crois, les meilleures. On réussit rarement en voulant révolutionner; on améliore au contraire assez facilement.

Le temps seul amène dans les goûts, les habitudes,

les pensées, les croyances d'une société, ces grands changements qui sont l'origine d'une ère nouvelle ; mais l'étude, le sentiment et la raison suffisent toujours à maintenir l'art dans la voie du progrès et de la vérité.

FIN.

Montmartre. — Imprimerie PILLOY.

www.ingramcontent.com/pod-product-compliance
Ingram Content Group UK Ltd.
Pitfield, Milton Keynes, MK11 3LW, UK
UKHW021937070726
13614UKWH00001B/481